청소년을 위한

친절한
사자성어

청소년을 위한 친절한 사자성어

초판 1쇄 발행 2024년 9월 30일

지 은 이   이상실
펴 낸 이   한승수
펴 낸 곳   문예춘추사

편   집   구본영
일러스트   김영진
디 자 인   박소윤
마 케 팅   박건원, 김홍주

등록번호   제300-1994-16
등록일자   1994년 1월 24일

주   소   서울특별시 마포구 동교로 27길 53, 309호
전   화   02 338 0084
팩   스   02 338 0087
메   일   moonchusa@naver.com

I S B N   978-89-7604-686-4   43700

청소년을 위한

친절한 사자성어

사자성어를 읽고 느끼고 깨닫는 즐거움!
아주 오래된, 그러나 지극히 실존적인 지혜

이상실 지음

문예춘추사

으~악!
이게 아니야...!

삶의 지혜가 온축된
'네 글자' 세계를 뚫어보자

대부분 네 글자로 이루어진 고사성어, 혹은 유래 없는 사자성어를 구사하는 것은 '순간적으로' 전광석화처럼 짧은 말 속에 깊은 뜻을 전달하는 묘미가 있다. 단순히 '유식'을 자랑하는 차원을 넘어 명확한 의미전달이 가능한 것. 언어 효율성이 뛰어난 것이다.

고사성어의 고사(故事)란 중국에서 일어난 일. 대체로 유교 사상을 담고 있기는 하지만 그 사상이라는 것은 심오한 이론이기보다는 삶 속에서 겪게 되는 경험을 토대로 만들어낸 보석 같은 지혜들이다. 따라서 우리는 옛 어른들이 삶의 이치를 응축해 표현해낸 천금 같은 '네 글자 지혜'를 자신의 삶에 비추어 타산지석으로 삼아야 하는 것.

사실상 중국의 위상이 높아지면서 서양 사람들도 중국 고사성어를 인용하는 즐거움을 누리기 시작했는데, 얼마 전에는 힐러리 클린턴 미국 국무장관이 중국 고사성어를 인용해가며 양국 관계의 중요성을 강조한 바 있다. 힐러리는 중국과의 전략경제대화 개막식에서 '동주공제(同舟共濟, 한 배를 타고 같이 강을 건넌다)'와 '봉산개도, 우수가교(逢山開道, 遇水架橋, 산을 만나면 길을 트고 물을 만나면 다리를 놓는다)' 등 두 개의 중국 성어를 들어 양국 협력을 다짐했다. 미국과 중국이 한배를 타고 같이 강을 건너는 수준을 넘어 산을 만나면 함께 길을 만들고 물을 만나면 함께 건널 다리를 놓는 수준으로 관계를 발전시켜나가야 한다고 역설한 것. 오바마 대통령 또한 '유창한 영어'(?)로 맹자님 말씀을 인용해 나름대로 시대의 흐름을 체화하기도 했다.

공자님, 맹자님 이하 주옥같은 어록이 담긴 사자성어들, 물론 시험 준비용으로 읽어야만 하는 압박과 고통의 시간들 속에 이 책을 만나겠지만, 마음 편하게 읽다보면 각자 처한 상황에 따라 분명 빛나게 반짝이는 금언들이 마음에 새겨질 것이다.

책의 구성은 크게는 주제별로 분류했고 그 안에서 나름대로 꼬리를 무는 형식의 사자성어를 배치했다. 전체적으로 동양의 지혜를 온축한 한 권의 이야기책 같은 느낌을 주도록 노력했으니 재미있게 읽고 '성적도 쑥쑥, 지혜도 활짝' 열매 맺길 바란다.

이상실

01

우리가 꼭 알아야 할
부끄러움

개과천선

부끄러움을 알아야 '오늘의 나'를 뛰어넘는
'내일의 나'가 있는 것.

철면피

수수방관

무인도에서 혼자 깃발 꽂고 사는 게 아닌 한, 인간은 더불어 사는 사회에서 사회적 인간으로 살아간다. 따라서 '더불어 함께'를 잘하는 것이 세상을 잘사는 법. 무인도가 아닌 지금 여기, 우리들 세상에서 '나'가 존중받는 길은 '너'를 사랑하는 길밖에 없다. 그것이 건강한 '나'를 생성하고 '우리'를 상생하게 하는 것.

이때 '너'를 배려하지 않는 것이 부끄러움이다.

작가 박완서는 〈부끄러움을 가르칩니다〉라는 그의 작품에서 물질적 · 감각적 욕망에 사로잡힌 현대인을 비판적으로 성찰하며 인간 자존을 상징한다고 할 수 있는 '부끄러움'의 실종을 개탄한 바 있다. 그리고 부끄러움을 가르치는 세상이 되어야 함을 역설했다.

부끄러워할 만한 일을 했으면 부끄러워하자. 잘못이 있으면 잘못을 인정하자. 부끄러움을 알아야 '오늘의 나'를 뛰어넘는 '내일의 나'가 있는 것이다.

철면피   鐵面皮

쇠로 된 가면을 쓰고
부끄러움을 버리다

쇠처럼 두꺼운 낯가죽이라는 뜻으로, 뻔뻔스럽고 염치없는 사람을 이르는 말. 철면피의 원조는 바로 송나라의 왕광원. 출세를 위해서는 수단과 방법을 가리지 않았던 그는 세도가의 집에 수시로 출입하며 갖은 아첨을 했는데 상대방이 무례하게 굴어도 그저 웃기만 할 뿐. 한번은 어떤 권세가가 술에 취해 때리는데도 저항하지 않고 순순히 당했다. 이를 지켜보던 사람들이 "자네는 어찌 수모를 모르나?" 하고 비아냥거리자 광원은 말했다. "그 사람에게 잘 보이면 하등 나쁠 것이 없다네." 이로부터 광원의 얼굴은 두껍기가 열 겹의 철갑(鐵甲)과 같다는 말이 생겼단다.

피도 눈물도 없이 자신의 잇속만 차리는 철면피들이 활개치는 세상은 생각만으로도 끔찍하지만, 반면 정정당당하고 심지 굳게 권력에 굽히지 않는 '철면(鐵面)'의 태도를 갖춘 사람들이 사는 세상은 얼마나 든든할까. 얼굴에 철갑을 두를 것이 아니라 마음에 철갑을 두른 사람이 되어야겠다.

부끄러움을 알기엔
낯가죽이 너무 두꺼워!

부끄러움이 실종된 인간을 뜻하는 대표적 사자성어가 후안무치다. 후안(厚顔)이란 두꺼운 낯가죽을 뜻하는데, 여기에 무치(無恥)를 더해 후안무치라고 하면 낯가죽이 두꺼워 도통 부끄러운 줄 모르는 사람을 가리킨다.

그런데 중국식 처세술로 '후흑(厚黑)'이란 것이 있다. 마음은 시커 멓고 얼굴은 두꺼워야 성공한다는 것인데, 이 후흑의 달인, 시커먼 뱃속과 두꺼운 얼굴로 둘째가라면 서러운 역사인물이 한나라 유방이다. 그는 수레 무게를 덜어 자기 생명을 부지하고자 자신의 친자식 둘을 두 번이나 마차에서 밀어 떨어뜨릴 정도로 얼굴이 두꺼웠으며, 라이벌 항우가 자신의 부친을 인질삼아 항복을 종용하며 만일 항복하지 않는다면 삶아 죽이겠다고 하자 "다 삶거든 내게도 국물 우린 것 한 사발 달라"고 말할 정도의 뻔뻔함으로 무장한 인물이었다.

여기서 유방의 후안무치는 나라를 일으키는 처세였던 것. 하지만 유방의 처세는 지나간 시절의 성공학일 뿐, 오늘날 부끄러움 없는 인생의 영광은 오래지 않다.

방약무인　傍若無人

제멋대로 천방지축, 아니면 할 일은 한다? 곁에 아무도 없는 것처럼 여긴다는 뜻으로, 주위에 있는 다른 사람을 전혀 의식하지 않고 제멋대로 행동하는 것을 이르는 말. 분명 나쁜 사람을 가리킨다. 그런데 이 말의 출처에서 원래 뜻은 그게 아니다. 위(衛)나라 사람 형가는 성격이 침착하고 생각이 깊으며 문학과 무예에 능한 애주가로서 마음 맞는 사람을 만나면 큰길에 나가 술을 마시고 노래하며 감정이 북받치면 엉엉 울기도 했다는데, 이때 그 모습이 마치 곁에 아무도 없는 것처럼(방약무인) 보였다고 한다. 여기서 형가의 '방약무인'은 세상을 등진 입장에서 주위 사람들 시선을 의식하거나 체면에 구애받을 필요가 없기에 나온 행위로서, 일종의 자유분방 혹은 자포자기였던 셈이다.

그러니까 원래 방약무인은 아무 거리낌 없이 당당한 태도를 말했는데, 그 뜻이 변해서 지금은 천방지축으로 날뛰고 무례하거나 교만한 태도를 표현할 때 인용된다. 아무튼 진짜 현자는 곁에 누가 있든 없든 상관없이 올바르게 사는 법. 참된 '방약무인'의 삶을 살 것이다.

15

세상의 중심은
'나'라는 오만

경쟁상대를 뜻하는 영어 라이벌(rival)의 어원은 강(river)과 그 파생어인 '강가에 사는 사람들'을 일컫는 리발리스(rivalis)다. 강물을 차지하기 위한 '강가에 사는 사람들'의 치열한 물싸움이 라이벌이라는 말까지 만들어낸 것. 그만큼 물은 사람이 살아가기 위해 너무도 소중한 자원으로 모든 사람이 공평하게 나눠 써야 하는 것이다. 그런데 그 물을 자기 혼자서만 독점하려고 한다면?

아전인수란 자기 논에만 물을 끌어넣는다는 뜻으로, 자기 이익만을 먼저 생각하고 행동하거나 또는 억지로 자기에게 이롭도록 꾀함을 이르는 말.

이와 반대말이 상대편의 처지나 입장에서 먼저 생각해보고 이해한다는 말인 역지사지(易地思之). 이 말은 중국의 전설적인 성인 하우와 후직을 평한 맹자의 말에서 나왔다. 즉 "하우는 물에 빠진 백성이 있으면 자신이 치수(治水)를 잘못해 그들을 빠지게 했다고 여겼으며, 후직은 굶주리는 사람이 있으면 스스로 일을 잘못해 백성을 굶주리게 했다고 생각"한 역지사지 발상의 대표적 인물인 것.

수수방관 袖手傍觀

**나 몰라라
마음 밖으로 내팽개침** 사람 관계에서 증오보다도
더욱 고통스런 것이 '무관심'이라고 한다. 모든 사회적 사안은 하나
둘 사람들의 관심으로부터 해결의 실마리가 찾아지는 법이다보니,
소매에 손을 넣고 곁에서 보기만 한다는 뜻으로 나 몰라라 자세를 취
하고 절대 관여하지 않는 것을 이르는 '수수방관'은 집단행동이 필요
할 때는 치명적 패배를 부르는 것. 해야 할 일에 간섭하지 않고 그대
로 둔다는 것으로, 내가 상관할 일이 아니라는 뜻의 오불관언(吾不關
焉)도 비슷한 말이다.

　옛날에는 옷에 주머니가 거의 없었으므로 소매가 주머니 역할을
했는데, 아무런 생각 없이 습관적으로 가만히 있을 때나 날씨가 추운
날에는 주머니 대신 소매에 손을 넣기도 했다. 이로써 '수수방관'은
소매에 손을 넣는다는 뜻의 수수(袖手)와 곁에서 바라보기만 한다는
방관(傍觀)이라는 말에서 유래한 것. '강 건너 불구경하듯 한다'는 속
담도 같은 뜻. 그런데 세상사 아무리 먼 곳에서 일어나는 일이라고 해
도 진정 나와 관계없는 일이 있을 수 있는 것일까?

악을 버리고
선으로 태어나다

진(晉)나라 혜제 때 양흠 지방에 사는 주처라는 사람은 힘이 장사였다. 하지만 방탕한 생활을 하며 걸핏하면 사람들을 때리던 그는 마을 사람들로부터 남산의 호랑이, 장교의 교룡(蛟龍)과 더불어 세 가지 장애라는 평을 들었다. 주처가 철이 들면서 자신의 과오를 깨닫고 지난 허물을 고쳐 새사람이 되기로 결심하자 마을 사람들이 그 증거로 남산의 호랑이와 장교의 교룡을 없애라고 했다. 사람들은 주처가 죽기를 바라고 이런 제안을 한 것. 목숨 건 사투 끝에 주처가 호랑이와 교룡을 죽이고 마을로 돌아왔으나 아무도 반갑게 맞아주지 않았다. 실망한 그는 마을을 떠나 학자 육기(陸機)를 만나 자초지종을 이야기했는데 이때 육기가 말했다. "진정 개과천선했다면 자네 앞날은 환히 트이네." 이에 그는 마음을 가다듬고 열심히 학문에 정진해 대학자가 되었다는데. 알고서도 고치지 않는 잘못은 두 배 세 배로 커져만 갈 뿐. 뉘우치는 데 너무 늦은 시간이란 없는 법이다.

지록위마 — 指鹿爲馬

사슴을 말이라 우기는 억지 주장

기원전 210년 진(秦)나라 시황제가 죽자 환관 조고는 나이 어린 호해를 2세 황제로 내세우고 경쟁 관계에 있던 승상 이사(李斯)를 비롯한 많은 신하를 죽이고 승상의 자리에 올라 조정의 실권을 장악했다. 황제가 될 야심을 품고 있던 그는 어느 날 호해에게 사슴을 잡아 바치며 그것을 말이라 했다. 호해가 농담하지 말라 웃으며 신하들 의견을 물었는데, 그때 사슴이라 대답한 사람들은 모두 나중에 조고에게 죽임을 당했다. 이후 궁중에는 조고의 말에 감히 반대하는 사람이 없었다고 한다. 나라꼴이 이 모양이 되었으니 그 후 진나라의 멸망은 시간문제였던 것.

이후 윗사람을 농락해 권세를 자기 마음대로 휘두르는 것을 비유할 때 이 고사가 흔히 인용되었고, 이것이 요즘 와서는 그 뜻이 확대되어 모순된 것을 끝까지 우겨 남을 속인다는 뜻으로 쓰이기도 한다. 목소리 큰 사람이 이기고 강한 자의 주장이 늘 승리하는 것 같지만 그것은 잠시의 착각일 뿐. 〈벌거벗은 임금님〉 동화를 떠올려보자. 결국에는 밝은 눈이 세상을 이끈다.

| 득롱망촉 | 得隴望蜀 | |

결코 만족할 줄 모르는
인간 욕망

후한 광무제는 농서 지방과 촉 지방을 제외하고는 천하를 손아귀에 넣었다. 그리고 세력이 약한 농서 지방의 외교정책이 실패하고 그 제후가 죽자 아들이 광무제에게 항복함으로써 마침내 농서도 후한의 손에 들어왔다. 이때 광무제가 말했다. "사람은 만족할 줄 몰라 이미 농서를 평정했는데 다시 촉을 바라게 되는구나. 매번 군사를 출동시킬 때마다 그로 인해 머리가 희어진다."

《후한서》에도 다음 이야기가 나온다. 촉을 차지한 유비가 오의 손권과 다투고 있는 틈을 노려 위의 조조는 단숨에 한중(漢中)을 점령하고 농을 손에 넣었다. 그러자 명장 사마의가 조조에게 이 기회에 촉의 유비를 칠 것을 권했다. 그러자 조조는 이렇게 말했다. "사람이란 만족을 모른다고 하지만, 이미 농을 얻었으니 촉까지는 바라지 않소." 실은 당시 조조군으로 촉을 토벌하기에는 힘에 부쳤던 것.

'농서 지방을 얻고 나니 촉 지방이 탐난다'는 득롱망촉이란 하나를 이루면 그다음이 욕심난다는 뜻으로, 만족할 줄 모르는 인간 욕망의 속성을 드러내는 말이다.

동가식서가숙　　東家食西家宿

정처 없이 떠도는 넉살과 뻔뻔함?

중국 전국시대 어느 마을, 과년한 딸을 둔 집에 두 군데서 혼담이 들어왔다. 동쪽 마을에 사는 총각은 집안은 부자인데 얼굴이 못생겼고 서쪽 마을에 사는 총각은 잘생기긴 했으나 살림이 가난했다. 부모가 딸에게 말했다. "네가 동쪽 마을로 시집가고 싶으면 왼쪽 손을 들고 서쪽 마을로 시집가고 싶으면 오른쪽 손을 들어라." 그 말을 들은 딸이 두 손을 다 들었다. 부모가 왜 두 쪽 손을 다 드느냐고 묻자 철없는 딸이 대답했다. "밥은 동쪽에 가서 먹고 잠은 서쪽에 가서 자면 안 되나요?"

이것이 '밥은 동쪽 집에서 먹고 잠은 서쪽 집에서 잔다'는 동가식서가숙의 유래다. 이것도 갖고 싶고 저것도 갖고 싶어하는 인간의 이기적 욕심을 풍자한 이 말은 현재 오갈 데 없이 이리저리 떠도는 신세를 뜻하는 말로 더 잘 쓰인다. 허나 지금도 '꿩 먹고 알 먹고' 식의 자신의 최대 이익을 추구하는 넉살과 뻔뻔함의 대가, 수치심 없는 이들의 행태를 정확히 표현하는 말이기도 한다.

곡학아세 曲學阿世 🐪

나를 속이고
세상에 머리 숙이다

전한(前漢)의 4대 황제 효경제 때 원고생이라는 신하가 있었는데, 그는 90세 나이에도 자신이 옳다고 생각하는 것은 무엇이든 두려워하지 않고 직언(直言)하는 강직한 성격과 곧은 언행을 보여 그를 비방하고 헐뜯는 자가 많았다. 그와 함께 등용된 젊은 학자 공손홍도 그를 탐탁지 않게 여겼으나, 원고생은 공손홍에게 태연히 이렇게 충고했다.

"요즘 학문의 도는 어지러워지고 궤변이 판치고 있네. 다행히 그대는 젊고 학문을 좋아하는 선비니까 부디 자네가 옳다고 믿는 학설[學]을 굽혀[曲] 세상[世]의 속물들에게 아첨하지[阿] 않기 바라네."

공손홍은 원고생의 훌륭한 인품과 풍부한 학식에 부끄러움을 느껴 자신의 무례함을 사과하고 그의 제자가 되었다고 한다. 자신의 지식이나 사회적 위치를 이용해 기회주의적으로 자신의 소신이나 철학에 관계없이 학문을 왜곡하고 이로써 권세나 시세에 아첨하는 행위를 일컫는 말 곡학아세. 이는 자존심 없는 지식인의 초상이다.

02

참된 지략과 가짜 지혜를 분별하라

적반하장

제 생각만 주장하고 제 잇속만 차리는
가짜 지혜는 반드시 제 발등을 찍는 법이다.

과유불급

암중모색

부처님 가르침에 '독화살의 비유'라는 것이 있다. 한 남자가 독화살을 맞고 쓰러지자 주위 사람들이 우선 화살부터 뽑고 의사 치료를 받자고 하자 그는 이렇게 말했다. "가만, 아직 이 화살을 뽑지 마시오. 나는 먼저 화살을 쏜 사람이 누구인지 알아야겠소. 이름과 성은 무엇이며 어떤 신분인지 알아야겠소. 그리고 그 활이 뽕나무로 만든 건지 물푸레나무로 만든 건지 또 화살은 보통나무로 만들었는지 대나무로 만들었는지 또 화살 깃은 매의 털인지 독수리 털인지 그것부터 알아야겠소."

부처님은 말했다. "이같이 말한 사람이라면 그는 자신이 알고자 하는 것을 알기 전에 온몸에 독이 퍼져 죽고 말았을 것이다."

무슨 말일까? 당장 시급한 해결책을 구해야 하는데 실질적 대책은 세울 생각 않고 허구한 날 일의 원인이나 분석하고 토론하는 사람들에게 주는 충고다. 독화살을 맞으면 화살부터 뽑는 것이 참된 지략이지 독화살을 쏜 사람의 배후부터 궁금해하는 것은 가짜 지혜인 것. 제 생각만 주장하고 제 잇속만 차리는 가짜 지혜는 반드시 제 발등을 찍는 법이다.

잘못한 사람이 잘한 사람을 나무란다?

도둑이 되레 매를 드는 황당한 경우, 잘못한 사람이 도리어 잘한 사람을 나무라는 상황을 이르는 말. "적반하장도 유분수지 어디 누구한테 큰소리냐?" "사람을 때린 놈이 되레 맞았다고 큰소리치니 적반하장도 정도가 있어야지." 등의 쓰임새를 갖는다. 주인과 손님이 서로 바뀌어 손님이 도리어 주인 행세를 한다는 뜻의 주객전도(主客顚倒)·객반위주(客反爲主)와 뜻이 통하고, 발이 위에 있다는 뜻으로 사물이 거꾸로 되는 것을 나타내는 족반거상(足反居上)과도 뜻이 비슷하다. 또 내가 부를 노래를 사돈이 부른다는 뜻으로 나에게 책망을 들어야 할 사람이 오히려 나를 책망할 때 쓰는 아가사창(我歌査唱)도 같은 뜻.

이와 같은 뜻을 갖는 우리말 속담도 많다. '방귀 뀐 놈이 성낸다', 자기가 잘못해놓고 오히려 남을 나무란다는 뜻의 '문비(門裨)를 거꾸로 붙이고 환쟁이만 나무란다', '소경이 개천 나무란다', '물에 빠진 놈 건져놓으니까 내 봇짐 내놓으라 한다' 등이 그렇다.

왜 이렇게 맛이 없어!

교묘한 말과 알랑대는 얼굴이라니

《논어》에서 공자는 거듭 말했다. "교묘한 말과 아첨하는 얼굴을 하는 사람은 착한 사람이 드물다"고. 즉, 말을 그럴듯하게 잘도 꾸며대거나 남의 비위를 알아서 잘 맞추는 사람, 생글생글 웃으며 남에게 잘 보이려는 사람치고 마음씨가 착하고 진실된 사람은 적다는 뜻. 공자는 또한 "약삭빠르게 둘러대는 말은 나라를 망친다. 나는 그런 것을 미워한다"고도 했다.

뿌리를 지닌 진심이 아닌 가벼운 바람에도 휘청이는 잎사귀 같은 알랑방귀에 마음이 녹아내리는 것이 우리들이다. 그렇다면 지금 현실은 필요에 따라 말이 이리저리 달라지는 사람이 성공하고 예쁜 얼굴로 애교만 떨면 원하는 것을 얻을 수 있는 세상일까? 분명 입에 발린 말 '교언'과 잘 꾸민 낯빛 '영색'이 최고의 처세가 되는 세상은 곧 망할 세상이다.

"좋은 약은 입에 쓰지만 병을 낫게 하고 충고의 말은 귀에 거슬리지만 나를 올바르게 변화시킨다"는 공자의 말씀을 가슴에 새기자. 공자의 '인(仁)'은 사람이 사람답게 바른 지혜를 갖는 것을 뜻한다.

달콤한 말로
내 편 만들기

남의 비위에 들도록 꾸민 달콤한 말, 이로운 조건을 내어 꼬이는 말을 뜻하는 감언이설. 《삼국사기》에 나오는 '구토지설'이라는 이야기에서 자라가 토끼를 꼬이는 말이 전형적인 감언이설이다. 용왕은 자신의 병에 토끼의 간이 좋다는 얘기를 듣고 자라로 하여금 토끼의 생간을 구해오게 했고, 이에 육지로 나간 자라는 토끼를 찾아 온갖 달콤한 말로 토끼를 꾀어 용궁으로 데려온다. "토끼님아, 바다 가운데에 한 섬이 있는데, 샘물이 맑아 돌도 깨끗하고 숲이 무성하여 좋은 과실도 많다. 또 그곳은 춥지도 덥지도 않고 매나 독수리 같은 것들이 침범할 수가 없다. 자네가 만약 그곳에 갈 수만 있다면 편안하게 살 수 있어 아무런 근심도 없을 것이다."

나중에야 자라의 말이 거짓말이라는 것을 안 토끼 역시 간을 육지 위에 두고 왔다고 둘러대어 용궁을 빠져나가는 지략을 보이지만, 애초에 누군가 무턱대고 나를 추켜세우거나 듣기 좋은 말만 골라서 하는 소리에는 경계를 했어야 하지 않았겠는가. 달콤한 말의 뒤끝은 쓸대로 쓰기가 십상인 것.

작은 것을 얻으려다 큰 것을 잃다

교각살우란 소의 뿔 모양을 바로잡으려다가 소를 죽인다는 뜻으로, 작은 흠이나 결점을 고치려다가 도리어 일을 그르치는 것을 이르는 말. 매사를 크고 넓은 눈으로 보지 못해 바른 지혜가 없는 경우 이런 잘못이 일어나기 쉽다.

중국에서는 예전에 종을 처음 만들 때 뿔이 곧게 나 있고 잘생긴 소의 피를 종에 바르고 제사를 지내는 풍습이 있었다. 한 농부가 제사에 사용할 소의 뿔이 조금 삐뚤어져 있어 이를 균형 있게 바로잡아보려고 팽팽하게 뿔을 동여매었는데, 아뿔싸, 뿔이 뿌리째 빠져서 소가 죽었단다. 교각살우는 이 이야기에서 유래한 것으로, 조그마한 결점을 고치려다가 수단이 지나쳐서 오히려 큰 손해를 입는 경우를 비유한 말이다.

비슷한 말로, 굽은 것을 바로잡으려다가 지나치게 곧게 하여 오히려 나쁘게 된다는 뜻의 교왕과직(矯枉過直)이나 작은 것을 탐하다가 큰 손실을 입는다는 뜻의 소탐대실(小貪大失)이 있다. 또한 우리 속담의 '빈대 잡으려다 초가삼간 다 태운다'도 같은 뜻.

역린 逆鱗

절대 건드려서는 안 될 그 무엇

용은 원래 순한 동물이어서 길을 잘 들이면 타고 다닐 수도 있으나 목 근처에 있는 거꾸로 된 비늘(역린)을 잘못 건드리면 용이 그 사람을 반드시 죽인다고 한다. 중국의 한비자는 설득의 어려움을 말하며 "군주에게도 이러한 역린이 있으니 건드리지 말라"고 했다. 아무리 좋은 충고라고 해도 역린을 건드리지 않도록 하라는 뜻. 이로부터 '역린을 건드린다'거나 '역린에 부산 친다'고 하면 군주의 노여움을 산다는 뜻으로 쓰인다.

하지만 군주만이 역린을 가지고 있는 것이 아니다. 누구에게나 건드리면 안 되는 그 무엇, 숨기고 싶은 것, 즉 역린이 있기 마련이다. 이는 요즘 말로 하면 일종의 콤플렉스다. '콤플렉스를 건드리면 돌부처도 돌아앉는다'는 말이 있듯 상대의 역린을 건드리는 것은 인간관계에서는 치명적이다. 따라서 노여움만 사게 될 뿐 일의 성사에 도움이 안 되는 역린을 살피고 대처하는 것은 지혜라 할 수 있다. 물론 어쩔 수 없이 건드려야만 하는 역린이라면 시점과 상황을 보아 현명하게 언급해야겠는데, 이것은 고수에게나 가능한 대화법일 듯.

시작은 창대하나
끝은 미미할지니

진존자라는 고승이 어느 날 길을 가다 낯선 중을 만나 그에게 어디서 오는 길인지 말을 걸었다. 그런데 상대 중이 "에잇!" 하고 일갈(一喝)을 하는 것이었다. 그리고 조금 있다 또 그처럼 소리 질러 그 중은 마치 도승처럼 보이려고만 했다. 하지만 진존자는 그가 용두사미임을, 즉 처음은 그럴듯하지만 끝이 보잘것없다는 걸 알아차리고 말했다.

"당신은 위세 좋게 '에잇! 에잇!' 하고 외치지만 그다음은 어떻게 마무리지을 요량인가?"

그때서야 그 중은 할 말을 잃었다고 한다.

용두사미를 글자 그대로 풀면 용머리에 뱀 꼬리인데, 실제 이런 형상을 한 동물이 있다면 아무래도 좀 웃길 것 같지 않나? 그런데 우리 생활에서는 이런 형상이 많다. 오죽하면 '마음먹은 일이 3일밖에 못 간다'는 작심삼일(作心三日)이란 말이 흔하게 사용될까. 처음은 그럴듯하게 시작했지만 끝이 흐지부지되는 경우를 비아냥대는 표현인 용두사미. 그렇다면 끝을 내지 못할 바에야 시작도 하지 말아야 하는 걸까?

임기응변   臨機應變

그때그때 적절히 빛나는
순발력   순발력의 대표주자 임기응변.

　전국시대 제(齊)나라의 안영이 초(楚)나라에 사신으로 갔을 때, 초
나라 왕은 왜소한 안영을 골탕먹이려고 성의 대문은 닫고 작은 문으
로 들어오게 했다. 이에 안영이 말했다. "개구멍은 개나 드나드는 곳.
초나라 사람들은 모두 개 같은 놈들이군." 한 신하가 말했다. "작은
키에 닭 한 마리 들 수 있는 힘으로 무슨 큰일을 하겠다는 거요?" 안
영 왈 "저울추가 작아도 천근을 들 수 있고 노가 길어봤자 물속에서
허우적대기밖에 더하겠소?"

　드디어 초나라 왕을 만난 안영에게 왕은 또 안영같이 왜소한 사
람을 사신으로 보낼 만큼 제나라에 인물이 없냐고 비꼬았다. 이에
안영 왈 "저희 나라에서는 대인은 대국에 소인은 소국에 보내옵니
다." 잠시 후 포졸이 도둑질한 제나라 죄인을 포박해 지나가는 장면
을 본 왕이 말했다. "제나라 사람은 도둑질하는 버릇이 있는가?" 이
에 안영 왈 "강남의 귤도 강북에 옮겨 심으면 탱자가 된다 하옵니다
(남귤북지南橘北枳)." 참으로 빛나는 안영의 임기응변이다.

과유불급	過猶不及	

'지나치지 않게' 하는 것도 어려워

모든 사물이 정도를 지나치면 도리어 안한 것만 못하다는 뜻으로, 과유불급이란 중용(中庸)을 가리킨다. 이는 《논어》에 나오는 말로, 공자의 제자 자공이 공자에게 이렇게 물었단다.

"자장과 자하를 비교하면 누가 더 나은가요?"

"자공은 매사에 지나치고 자하는 못 미친다."

"그럼 자공이 더 나은 건가요?"

"아니다. 지나친 것은 못 미친 것과 마찬가지다."

사실상 현대는 과유불급의 시대다. '지나친 것들'이 지나치게 많은 것이다. 지나친 탐식은 비만을 부르고 지나친 염려는 신경증을 가져오며 지나친 욕심은 스트레스를 낳는다. 뭐든 적당한 선을 지킨다는 것은 생각보다 실행하기가 무척이나 어려운 일. 중용의 삶이란 지나친 극단을 피하고 정확히 있을 자리를 찾아 그 자리를 지키는 삶을 뜻한다. 지나치지 않도록 노력해야겠지만 못 미치지 않도록 노력해야 함은 또한 당연지사.

어둠 속에서 나아갈
길을 찾다

당나라 측천무후 때 허경종이란 학자가 있었는데, 그는 명문가 후손으로 후에 재상까지 역임한 인물이었으나 건망증이 심해 사람을 여러 번 만나도 얼굴을 잘 기억하지 못했다. 어느 날 한 친구가 그의 건망증을 꼬집었다. "자네, 혹시 다른 사람 얼굴을 잘 기억하지 못하는 거, 그거 혹시 일부러 그러는 건 아니오?" 그러자 허경종이 말했다. "그대들 같은 평범한 사람들 얼굴이야 암만해도 기억하기 어렵지. 하지만 천하에 이름을 날린 문단의 대가들을 만난다면 어둠 속에서 손으로 더듬어서라도 기억할 수 있네."

이 고사에서 암중모색은 원래 어둠 속에서 더듬어 찾다. 어림짐작으로 찾다는 뜻으로 쓰였지만, 오늘날에는 상대가 눈치 채지 못하게 조사하다, 속 깊이 대비하다는 뜻으로 바뀌어 쓰인다.

내일을 알 수 없는, 그래서 한 치 앞을 정확히 예측하기 힘든 인생길 그 자체가 암중모색으로 헤쳐갈 수밖에 없는 흥미진진한 도전의 장 아니겠는가.

33

불입호혈 부득호자　不入虎穴不得虎子

용기 있는 모험 없이는
행운도 없다

호랑이 굴에 들어가지 않고는 호랑이 새끼를 잡을 수 없다는 뜻으로, 모험을 해야 큰일을 할 수 있음을 비유한 말.

반초는 후한 초기에 살던 지식이 풍부하고 용감한 장군이었다. 그가 북쪽 흉노족 정벌에 맹활약을 펼치던 때였다. 어느 날 흉노를 정벌하러 서역을 평정하던 중 선선국(鄯善國)에 들르게 되었다. 선선국 왕은 처음에는 반초 일행을 매우 융숭하게 대접했는데, 어느 날 갑자기 태도가 돌변해 냉대하기 시작했다. 이유를 알아보니 선선국에 흉노 사신들이 군사 100명을 이끌고 와 있다는 것. 흉노에 비해 병력이 상대적으로 약한 반초는 선선국이 자기들을 죽이지 않으면 흉노에게 넘길 것이라고 판단해 부하들을 모아놓고 말했다. "호랑이 굴에 들어가지 않고는 호랑이 새끼를 잡을 수 없다. 지금 흉노의 거처를 기습하자." 반초 일행은 흉노의 숙소에 불을 지르고 군사들이 우왕좌왕하는 틈을 이용해 흉노군을 모조리 살해했다. 이후 선선국은 반초 일행을 상전으로 모셨다고 한다.

큰일을 이루기 위해서는 큰 모험과 큰 용기가 필요한 것이다.

03

소통,
서로 통해야 사는 법

여러분~
이것이 바로
모순 입니다!

모순

소통의 본질은 설득이 아닌 공감.
그래서 성공의 기본 자질이
공감능력 아니겠는가.

이것이
바로
진정한 예술
입니다~!

마이동풍

중구난방

일본의 유명한 유흥업소 마담이자 성공학 작가인 마스이 사쿠라는 수많은 고객들을 상대하면서 터득한 자신만의 '성공 대화법'을 이렇게 정리했다.

우선 무엇보다도 대화 상대를 '여럿 중에 하나(one of them)'가 아닌 '오직 당신(only one)'으로 대하라. 존중받는다는 느낌은 마음을 쉽게 열게 만든다. 그리고 '기분은 직구로, 협상은 변화구로 던져라.' 솔직하면서도 신중하라는 뜻. 또한 상대가 뭔가 흥분한 듯 보일 때는 대화 속도를 늦추고, 상대가 유독 관심을 보일 때는 한 걸음 물러서라. 관심에는 무관심으로 대처하는 게 상대 관심을 지속시키는 법이란다. 그리고 대화의 마지막은 항상 희망적인 말로 마무리를 해야 한다. 그래야 상대 마음에 '나'를 깊이 각인시킬 수 있다는 것.

그런데 이 중에서 그 무엇보다 중요한 것은 상대를 설득하려고 애쓰지 말라는 것이다. 소통의 본질은 설득이 아닌 공감인 것. 공감하려는 자세가 가장 중요하다. 그래서 성공의 기본 자질이 공감능력인 것이다.

모순 　　　　　　　　　　　　　 矛盾 [R]

당최 앞뒤가 안 맞는 말과 행동

창과 방패를 뜻하는 모순. 초(楚)나라에 창과 방패를 파는 상인이 있었는데 그가 자신의 물건을 자랑하며 말했다. "이 창으로 말할 것 같으면 너무도 예리해 세상에 뚫지 못할 방패가 없으며, 이 방패로 말씀드리자면 세상 어떤 창이나 칼로도 뚫을 수 없습니다." 그러자 누군가 물었다. "그렇다면 자네 창으로 자네 방패를 찌르면 어떻게 되는가?

말이나 행동이 앞뒤가 서로 맞지 않고 모순됨을 가리키는 말로는 자가당착이란 표현도 있다. 과장하고 부풀리기를 좋아하는 인간 심성은 아무래도 모순 지향적인 측면이 있는 듯. 누군가는 이렇게 떠벌린다. "우리 팀에는 어떤 경우에도 골을 넣을 수 있는 공격수와 모든 슛을 다 막는 골키퍼가 있다고요." 팀 자랑에 자가당착에 빠진 그에게 "그 공격수가 공을 차고 그 골키퍼가 막으면 어떻게 되는 거야?"라고 묻는 것도 바보 같은 질문일 뿐. 전쟁과 평화를 함께 부르짖는 정치가는 또 어떤가.

여러분~
이것이 바로
모순 입니다!

기선제압을 위한
갑과 을의 말싸움

갑이 견해를 말하면 을이 논박한다는 뜻. 갑론을박은 상대편의 말이나 글의 잘못된 부분을 논란하여 서로 헐뜯는 것으로 서로간의 소모적인 말다툼을 가리키는데, 이를 잘 드러낸 옛이야기가 있다.

바닷가에서 고기잡이를 하던 삼형제가 하늘에 날아가는 새를 보고 한 마디씩 주장한다. 제일 큰형은 잡아서 삶아먹자 했고, 둘째는 구워먹자 했으며, 막내는 끓는 물에 데친 뒤 구워먹자 했다. 삼형제가 서로 자기 생각만 주장하며 갑론을박이 계속되자 그 해결책을 얻으려고 고을 수령을 찾아갔다. 수령은 우선 새부터 잡아오라고 했으나 어디 그 바다 새가 기다리고 있었겠는가, 당연히 날아가버렸지.

무슨 일의 시비를 따지느라고 말로 옥신각신하는 것을 두고 설왕설래(說往說來)한다고도 한다. 갑론을박이나 설왕설래나 둘 다 소모적인 말싸움일 수도 있으나 여럿이 하나의 문제를 해결해가는 과정에서 반드시 거쳐야 하는 단계를 뜻하기도 한다. 우왕좌왕(右往左往), 바른 쪽으로 갔다 왼쪽으로 갔다 하며 종잡지 못하는 일만 없다면.

내가 하기 싫은 것 남에게도 시키지 마라

'기소불욕 물시어인'이라, 이는 자기가 하기 싫은 일은 남에게도 하게 해서는 안 된다는 것을 이르는 말로 《논어》에 등장하는 명언이다. 제자 자공이 스승 공자에게 물었다. "제가 평생 동안 실천할 수 있는 한마디 말이 있습니까?" 이에 공자가 답했다. "그것은 바로 용서의 '서(恕)'다. 자신이 원하지 않으면 다른 사람에게도 하지 말아야 한다."

자신이 하기 싫은 일은 다른 사람도 마땅히 하기 싫어할 테니 내가 원하지 않는 일을 남에게 강요해서는 안 된다는 말이다. 내가 상대편에게 굽실거리고 싶지 않으면 상대편도 나에게 굽실거리는 것을 바라지 말아야 하듯, 서로의 입장을 이해하며 용서하는 마음으로 다른 사람의 인격을 존중해야 한다는 가르침인 것.

물론 지키기 쉽지 않은 말이다. 그렇다면 누구도 하기 싫은 일은 누가 해야 하는 걸까? 가장 힘없는 사람의 몫이 되는 것이 현실인 상황에서 '너'를 배려하는 마음을 갖는 것은 조금 더 가진 자의 자비가 될 것이다.

의심받을 일일랑
애당초 하지를 마라

오이가 익은 밭에서 신발을 고쳐 신고 있으면 마치 오이를 따는 것같이 보이고, 오얏이 익은 나무 아래서 손을 들어 관을 고쳐 쓰려고 하면 오얏을 따는 것같이 보이니 남에게 의심받을 짓은 삼가라는 뜻. 《열녀전》에 다음 이야기가 전한다.

전국시대 제(齊)나라는 위왕(威王) 즉위 후 못된 신하 주파호로 인해 나라가 편안치 않았다. 이에 후궁 우희는 주파호의 횡포와 음흉함을 왕에게 호소하며 대신 현명하고 덕망 있는 북곽선생을 불러들일 것을 간청했는데, 이를 안 주파호가 거꾸로 우희와 북곽선생이 내통하는 사이라고 모함했다. 왕은 우희를 감금, 직접 심문했는데, 이때 우희가 말했다. "저에게 죄가 있다면 첫째는 오이 밭에서 신발을 고쳐 신지 않고 오얏나무 아래를 지나갈 때 관을 바로하지 않는다는 교훈을 지키지 않은 것이고, 둘째는 평소에 사람들의 신뢰를 받지 못한 것이네요." 우희의 말을 들은 왕은 사실을 바로 보게 되었고 간신 주파호를 삶아 죽였다. 그리고 정사를 바로잡아 제나라를 다시 부강하게 만들었단다.

유쾌한 재치 혹은
불쾌한 말장난

언어유희란 동음이의어나 각운 등을 이용해 재미있게 꾸미는 말 표현을 의미한다. 그것이 재치로서 유쾌하게 느껴질 때도 있고 단순한 말장난으로 불쾌하게 느껴질 때도 있다. 예를 들어 '귀에 걸면 귀걸이 코에 걸면 코걸이'라는 뜻의 이현령비현령(耳懸鈴鼻懸鈴)은 둘러대기에 따라 말이 다르다는 뜻인데, 이 또한 불쾌한 말장난의 언어유희가 될 수도 있는 것이다.

고전적 언어유희는 춘향전 등 주로 고전소설 등에 자주 등장하는데, 동음이의어 활용하기, 유사음운 반복하기 등 여러 방법들이 있다. 예를 들면 언어도치를 통한 언어유희로는 "어 추워라, 문 들어온다, 바람 닫아라. 물 마른다, 목 들여라." "어이쿠, 그만 정신없다보니 말이 빠져서 이가 헛나와버렸네." 등의 표현이 있다. 그리고 발음의 유사성을 통한 언어유희로는 "올라간 이 도령인지 삼 도령인지, 그놈의 자식" "개잘량이라는 '양'자에 개다리소반이라는 '반'자 쓰는 양반이 나오신단 말이오." 등의 표현이 있다. 이는 언어유희를 통한 일종의 현실풍자로서 재치 만점의 표현들인 것.

인생의 급소를 찌르는 말

'학교를 다니면서 내 교육을 망치고 싶지는 않았다.' 《톰소여의 모험》을 쓴 미국 소설가 마크 트웨인의 말이다. 그의 교육관, 인생관이 드러난 이 말처럼 인생을 현명하게 살아가는 데 도움을 주는 아포리즘, 격언이나 속담 등에 언중유골이 특히 많다.

몇 가지 예를 더 보자. '운명을 이기는 유일한 방법은 운명과 대적하기를 포기하는 것.' 이것은 로마시대 철학자 세네카의 말. '파리채에 앉아 있는 파리가 가장 안전하다.' 이것은 계몽시대 물리학자 리히텐베르크의 어록에 등장하는 말이다.

언중유골이란 뜻 그대로 '말 속에 뼈가 있다'는 말. 상대방의 허물이나 과실을 명백하게 지적하지 않고 에둘러 말할 때 흔히 이렇게 말 속에 뼈를 담는데, 이렇게 표현하면 명백하게 지적할 때보다 효과가 크다. 다음처럼. "세계 아마추어 거짓말 선수권대회가 열리게 되었다. 이 대회의 참가자격에 제한은 없으나 전·현직 정치인은 참가할 수 없다고 규정이 되었다. 정치인은 아마추어가 아니라는 이유 때문이었다." 큭.

소리를 듣지 않는 닫힌 귀

마이동풍은 따뜻한 봄바람이 불면 사람들은 기뻐하는데 말의 귀는 봄바람이 불어도 전혀 느끼는 낌새가 없다는 뜻. 당나라 때의 시인 이백(李白)이 친구 왕십이가 보낸 〈추운 밤 홀로 술 마시는 감회〉라는 시에 화답한 시에 나오는 말이다. 세상이 알아주지 않는 고매한 우리들의 '작가정신'을 표현한 것.

"우리가 할 수 있는 일이란 북창(北窓)에 기대어 시를 짓고 글을 쓰는 것뿐 / 그 외의 전반 마디 말은 아무 가치도 없네 / 허나 세상 사람은 우리 시를 듣고도 알아듣지 못하네 / 마치 봄바람(동풍)이 말의 귀를 스치는 것처럼."

이 말은 '쇠귀에 경 읽기'와도 같은 뜻. 답답하기 이를 데 없는 심경을 표현한다. 누군가를 사랑해서, 또는 무언가를 원해서, 아니면 진심으로 걱정되어서 상대에게 간절한 나의 심정과 충고를 표현하는데 그걸 들어줘야 할 상대방이 꼼짝도 하지 않는다면 어떨까? 참으로 복장 터지는 일일 듯.

이것이 바로 진정한 예술입니다~!

갈수록 태산,
볼수록 흥미진진

옛날 고개지라는 사람이 살았는데 그는 사탕수수를 즐겨 먹었다. 그런데 늘 가느다란 줄기 부분부터 먼저 씹어 먹었다. 이를 이상하게 여긴 친구들이 물었다. "왜 너는 늘 사탕수수를 먹을 때 거꾸로 먹냐?" 고개지는 태연히 대답했다. "갈수록 점점 단맛이 나기 때문(점입가경)이다." 이때부터 '점입가경'이 경치나 문장 또는 어떤 일의 상황이 갈수록 재미있게 전개되는 것을 뜻하게 되었다고 한다. 줄여서 자경(蔗境) 또는 가경(佳境)이라고도 한다.

이 말은 현재 갈수록 흥미진진한 상황을 뜻하기보다는 볼수록 가관인 꼴불견 상황을 뜻하는 말로 널리 쓰인다. "점입가경이라더니, 눈뜨고 볼 수가 없네" 처럼.

유사한 말로 설상가상(雪上加霜)은 '눈 위에 서리가 덮인 격'이라는 뜻으로 어려운 일이 연거푸 일어남을 비유한 말. 점입가경은 점점 더 나쁜 것이고 설상가상은 앞의 일과 뒤의 일이 동등한 것으로 뉘앙스 차이가 있다. 설상가상의 반대말은 금상첨화. 이보다 더 좋을 수 없는 것.

공중누각　　　　　　　　　　　　空中樓閣

**실로 허황한
꿈의 궁전** 공중누각이란 공중에 떠 있는 신기루라는 뜻에서,
내용 없는 문장이나 쓸데없는 주장, 진실성이나 현실성 없는 일, 기
초가 튼튼하지 못해 무너지는 것 등을 비유적으로 나타낸 말이다. 송
나라 학자 심괄은《몽계필담(夢溪筆談)》에 이렇게 적었다.

"등주(登州)에서는 봄과 여름에 하늘에 떠 있는 성곽의 누대를 볼
수 있는데, 이 고장 사람들은 이곳을 해시(海市, 바다의 도시)라 부른
다." 여기서 '해시'는 '신기루'를 가리키는 말. 그리고 청나라의 학자
적호는 심괄의 이 글에 대해 다음과 같이 쓰고 있다.

"지금 언행이 허구에 찬 사람을 일컬어 '공중누각'이라고 말하는 것
은 심괄의 글에서 유래한 것이다."

공중누각과 비슷한 뜻으로 사상누각(砂上樓閣)이라는 말도 있는
데, '모래 위에 지은 집'이란 뜻의 이 말 역시 겉모양은 번드르르하지
만 기초가 약해 오래 가지 못하거나 실현 불가능한 일 등을 빗댄 표
현이다. 예를 들어 실업자가 많은 나라는 아무리 국민소득이 높아도
사상누각, 공중누각일 뿐.

마음으로 오가는 말할 수 없는 특별함

부처가 제자들을 영취산에 모아놓고 설법했는데, 그때 하늘에서 꽃비가 내렸다. 부처는 손가락으로 연꽃 한 송이를 말 없이 집어 들어(염화拈華) 보였다. 제자들은 부처의 행동을 알 수 없었는데 가섭만이 그 뜻을 깨닫고 빙그레 웃었다(미소微笑). 그제야 부처도 빙그레 웃으며 가섭에게 말했다.

"인간이 원래 갖추고 있는 마음의 덕과 번뇌를 벗어나 진리에 도달한 마음, 불변의 진리, 진리를 깨치는 마음, 불립문자 교외별전(不立文字 敎外別傳, 언어나 경전에 따르지 않고 이심전심으로 전하는 오묘한 진리)을 너에게 주마." 이렇게 해서 불교의 진수는 가섭에게 전해졌다는 이야기가 있다.

말이나 글이 아닌 마음과 마음으로 전해진다는 이심전심은 불교의 심오한 진리를 깨닫게 해주는 말. 이는 요즘말로 '텔레파시가 통한다'는 뜻인데, 아무려나 진심은 결국 통하기 마련인 것. 마음 밑바닥으로부터 우러나온 참된 마음은 어떻게든 상대 마음속에 닿는 것이다. 마음의 귀가 훨씬 잘 듣는 법 아니겠는가.

여러 사람의 입을
막기는 어려우니

《십팔사략(十八史略)》에 나오는 이야기. 소공이 주여왕의 언론탄압정책을 비판해 이렇게 충고했다. "백성의 입을 막는 것은 강물을 막는 것보다 어렵습니다. 강물을 막은 둑이 무너지면 많은 사람이 다치듯 백성들 역시 이와 같습니다. 강물은 자연스럽게 흘러가게 하고 백성들은 바른말을 하게 해야 합니다." 그러나 여왕은 소공의 말을 따르지 않았고 결국 백성들은 난을 일으켰으며 여왕은 평생을 갇혀 살게 되었다고 한다.

춘추시대 이야기도 있다. 송나라 사마가 성을 쌓는 책임자에 임명되었는데, 그러자 성을 쌓는 일에 동원된 사람들이 그가 적국의 포로가 되었다가 돌아온 사실을 비꼬아 노래를 부르며 태업을 했다. 그러자 사마는 "여러 사람의 입을 막기는 어렵다"고 하며 사람들 앞에 나타나지 않았다고 한다.

두 이야기에서 중구난방은 뭇사람의 입은 쇠도 녹이며 대중의 말길[言路]과 자유로운 생각은 무엇으로도 막을 수 없다는 뜻. 그런데 지금 중구난방은 여럿이 마구 지껄이는 소리로 중심 없는 산만함을 표현한다.

알 수 없는 것,
그것은 인생!

계란유골

기대하시라.
알 수 없기에 더욱 기대되고
더욱 두려운 것이 인생일지니.

동상이몽

인자무적

알 수 없기에 더욱 기대되고 더욱 두려운 것이 인생일지니.

1969년 3M중앙연구소 연구원이던 스펜서 실버는 새로운 접착제를 실험하던 중 잘 붙지만 금방 떨어지는 접착제를 발명했다. 하지만 이것은 당시로선 '실패한 접착제'였다. 그리고 5년 후인 1974년 3M 제품사업부에서 일하던 아서 프라이는 교회에서 예배를 보던 중 엉뚱한 발상을 한다. 성경책 같은 얇은 종이에도 붙였다 떼었다 할 수 있는 메모지가 있으면 좋겠다는. 그러고는 5년 전 실패한 발명품이었던 스펜서 실버의 접착제를 기억해내 상품화시킨다. 이것이 바로 이후 초히트상품이 된 3M의 포스트잇이다.

3M의 포스트잇은 실패 또한 하나의 자산으로 축적해놓은 기업문화가 만들어낸 성공제품인 것. 실패가 불현듯 성공의 날개를 얻고 성공이 느닷없이 실패의 구렁텅이로 빠지기도 하는 것이 인생이다. 하지만 그 알 수 없는 오묘함에는 분명 법칙이 있다. 어찌되었든 원인 없는 결과란 없다는 것, 준비된 자가 성공한다는 것!

손 붙들고 다른 곳을 보다

사랑은 마주 보는 것이 아니라 서로 나란히 앉아 함께 같은 곳을 바라보는 것이라는 말이 있다. 마주 보고 있으면 상대 너머로 보는 풍경이 다르기 때문에 같은 생각을 하기가 어렵다는 것인데, 같은 잠자리에 누워 있어도 다른 꿈을 꾸는 것을 어찌 막을 수 있으리.

같은 처지에 있으면서도 생각이나 이상이 다르거나 겉으로는 함께 행동하면서도 속으로는 다른 생각을 갖는 것을 가리키는 말 동상이몽. 부부 간에도 친구 간에도 국가 간에도 굳은 약속과 원칙을 다짐하고서도 서로가 그 약속과 원칙을 대하는 마음은 각기 다른 법. 조금이라도 자기의 이익을 추구하는 마음이 상대 마음으로부터 멀어지는 것이다. 그럴진대 한마음 한 몸이라는 뜻의 일심동체(一心同體)나 생각, 행동이 완전히 하나가 됨을 일컫는 말 혼연일체(渾然一體)는 인간으로서 참으로 숭고한 경지가 아닐 수 없다.

인자무적　　　　　　　　仁者無敵

부드러움이 강한 것을 이긴다

모름지기 부드러운 것이 강한 것을 이기고, 붓이 칼을 꺾는 법이다. '어진 자는 적이 없다'는 '인자무적'은 《맹자》에 나오는 말.

양혜왕이 맹자에게 전쟁에서 진 치욕을 어떻게 하면 씻을 수 있는지를 물었다. 이에 맹자는 인자한 정치를 해서 형벌을 가볍게 하고 세금을 줄이며, 장정들에게는 효성과 우애와 충성을 가르쳐 부형과 윗사람을 섬기게 한다면, 몽둥이를 들고서도 진(秦)나라와 초(楚)나라의 견고한 군대를 이길 수 있다고 대답했다. 그리고 또 말하노니, "저들은 백성들이 일할 시기를 빼앗아 밭을 갈지 못하게 함으로써 부모는 추위에 떨며 굶주리고, 형제와 처자는 뿔뿔이 흩어지고 있습니다. 저들이 백성을 도탄에 빠뜨리고 있는데, 왕께서 가서 정벌한다면 누가 감히 대적하겠습니까? 그래서 이르기를 '인자한 사람에게는 적이 없다'고 하는 것입니다. 왕께서는 이를 의심하지 마십시오."

'인자무적'은 맹자의 말이 아니라 이전부터 전해져오던 것을 인용한 것. 부드러운 카리스마는 오래전부터 각광받던 것이었다.

삶의 기회는 한 번뿐이 아니다

변방 늙은이의 말이라는 뜻의 새옹지마. 변방 늙은이의 말에겐 무슨 일이 있었던 걸까?

중국 변방에 점을 잘 치는 노인이 살고 있었는데 어느 날 그 노인의 말이 아무 이유 없이 오랑캐 땅으로 도망갔다. 이웃 사람들이 그를 딱하게 여겨 위로하자 노인이 말했다. "이것이 복이 될지 누가 알겠소?" 과연 몇 달이 지나자 노인의 말처럼 그의 말이 오랑캐의 준마를 데리고 돌아왔다. 이 일로 사람들이 축하하자 노인이 말했다. "이것이 재앙이 될지 누가 알겠소?" 노인의 집에는 좋은 말들이 점점 불어났는데 그러던 어느 날 노인의 아들이 말을 타다가 떨어져 다리뼈가 부러졌다. 절름발이가 된 아들을 사람들이 위로하자 노인이 또 말했다. "이것이 복이 될지 누가 알겠소?" 일 년 후 오랑캐가 쳐들어오자 마을 젊은이들은 전쟁터에 나가 열에 아홉은 죽었지만 노인의 아들은 불구라서 목숨을 부지할 수 있었다는데.

화가 복이 되기도 하고 복이 화가 되기도 하는 법이니, 매사에 일희일비(一喜一悲)하지 말고 역지사지의 지혜를 갖추라는 말씀.

전화위복	轉禍爲福	◪

부정을
긍정으로 만들라

《사기(史記)》에서는 관중을 이렇게 평했다. "정치적으로 그는 번번이 화를 전환시켜 복으로 하고 실패를 전환시켜 성공으로 이끌었다. 어떤 사건에서도 그 경중을 잘 파악해 균형을 잃지 않도록 신중하게 처리했다." 전국시대 때 합종책(合從策)이라는 뛰어난 전략으로 진(秦)나라를 제외한 여섯 나라 재상을 겸임했던 소진도 이렇게 말했다. "예전에 일을 잘 처리하는 사람은 화를 바꾸어 복이 되게 했고 실패한 것을 바꾸어 공이 되게 했느니라."

화가 바뀌어 오히려 복이 된다는 전화위복은 어떤 불행한 일이 닥칠지라도 강인한 정신력과 불굴의 의지로 그에 맞서면 그것이 더 큰 행복의 원인이 될 수도 있다는 말이다. 하지만 불행을 맞고도 가만 손 놓고 있는데 저절로 화가 복으로 바뀌긴 쉽지 않다. 고생 끝에 낙이 온다는 고진감래(苦盡甘來)라는 말도 있지 않은가. 그런데 요즘은 고생 없이 요행으로 복을 바라며 '전화위복'을 기다리는 사람이 많은 듯. 즐거운 일이 지나가면 슬픈 일이 닥쳐온다는 뜻의 흥진비래(興盡悲來)는 고진감래의 반대말.

계란유골 鷄卵有骨 ⒭

뒤로 자빠져도 코가 깨지는 상황 황희 정승의 어려운 살림살이를 늘 안쓰럽게 여기던 세종은 어느 날 이런 명령을 내렸다. "오늘 하루 동안 남대문으로 들어오는 물건을 모두 황희 대감께 드리도록 하라."

그러나 그날은 공교롭게도 온종일 몰아친 폭풍우로 문을 드나드는 장사치가 한 명도 없었고, 간신히 한 시골 영감이 달걀 한 꾸러미를 들고 들어왔다. 그런데 황희가 달걀을 가지고 집으로 돌아와 삶아먹으려고 하자 달걀마다 뼈가 들어 있어서 한 알도 먹을 수 없었다고 한다. 여기에서 모처럼 얻은 좋은 기회임에도 불구하고 일이 틀어져 잘 안 되는 경우를 뜻하는, '계란에도 뼈가 있다'는 말이 생겨났다. 사실 계란에 뼈가 있을 리는 없고 아마도 죄다 곯아 있었을 듯.

운이 나쁜 경우를 가리키는 이 말과 관련 있는 속담으로는 '재수 없는 포수는 곰을 잡아도 웅담이 없다', '도둑을 맞으려면 개도 안 짖는다', '밀가루 장사를 하면 바람이 불고, 소금 장사를 하면 비가 온다' 등이 있다.

구경만 하다 얻는 뜻밖의 이익

어부의 이익이라? 두 사람이 맞붙어 싸우는 바람에 엉뚱하게 제3자가 덕을 본다는 뜻. 전국시대 때 조나라가 연나라를 치려 하자 연나라의 책략가 소대가 조나라 혜왕을 만나 말했다. "제가 역수를 지나는데 조개 한 마리가 입을 쩍 벌리고 햇볕을 쬐고 있더군요. 그러자 도요새 한 놈이 날아오더니 조개의 살을 쪼았고 질겁을 한 조개는 입을 닫아 도요새 부리를 물어버렸답니다. 그러자 도요새가 말했죠. '오늘 내일 비가 오지 않으면 너는 말라 죽을 것이다.' 이 말 들은 조개도 말했죠. '내가 네 부리를 내일까지도 놓지 않으면 너는 굶어 죽을 것이다.' 이렇게 서로 옥신각신하는데 지나가던 어부가 그 둘을 냉큼 잡아갔습니다. 지금 조나라와 연나라가 서로 물어뜯고 싸운다면 강한 진나라가 어부가 되지 않을까 저는 그것이 걱정입니다그려."

이 말 들은 조나라 혜문왕이 어찌 연나라를 칠 수 있었겠는가. 같은 말로, 제3자만 이롭게 하는 조개와 도요새의 다툼을 방휼지쟁(蚌鷸之爭)이라 한다.

교묘한 속임수 또는
무지한 어리석음

원숭이 여러 마리를 기르던 저공은 먹을 것이 부족해지자 원숭이들의 반발을 우려해 이렇게 말한다. "앞으로 도토리를 아침에 세 개, 저녁에 네 개씩 주겠다!" 이 말 들은 원숭이들이 화를 내며 대들자 저공은 다시 말했다. "그래? 그렇다면 아침에 네 개, 저녁에 세 개씩 주겠다. 이제 됐냐?" 그러자 원숭이들이 기뻐했다는데. 이 이야기는 원래 저공이 원숭이를 다루듯 지혜로운 자는 대중을 힘들이지 않고 교묘히 다스릴 수 있음을 뜻한 것인데 지금은 눈앞에 보이는 차이만 알고 결과가 같은 것을 모르는 어리석음을 비유하거나 남을 농락해 사기나 협잡술 속에 빠뜨리는 행위를 비유하게 되었다.

그런데 조삼모사를 '소통'의 관점에서 보면 어떨까? 처음에 저공은 아침보다 저녁에 먹을 것을 더 많이 주면 원숭이들이 좋아할 것이라고 자기 생각만 했던 것인데 실제 원숭이 생각은 그 반대였던 것. 결국 저공은 원숭이들 입장에서 다시 생각하고 소통을 이루었다는 것이다. 비슷한 말로 조변석개(朝變夕改), 조령모개(朝令暮改)가 있다.

요령부득	要領不得

정작 중요한 것을 얻을 수 없다네

한(漢)나라 무제는 흉노족과 원한관계인 대월지국과 동맹을 맺어 흉노족을 정벌할 계략을 세우고 장건을 대월지국에 사신으로 파견했다. 그런데 장건은 가는 길에 흉노에게 붙잡혀 포로로 10년의 세월을 보내게 된다. 그래도 자신의 임무를 잊지 않고 간신히 탈출한 장건은 마침내 대월지국에 도착하고야 마는데, 그간 사정이 바뀐 대월지국은 흉노와의 전쟁을 원하지 않는 것이 아닌가. 결국 아무 성과 없이 돌아온 장건의 일을 《사기》는 이렇게 적고 있다. "장건은 자신의 사명, 즉 월지의 요령을 얻지 못하고(요령부득), 체류한 지 1년이 지나 귀국길에 올랐다."

장건은 귀국 도중 또 흉노에게 잡혀 1년 넘게 억류되었으나 탈출해 13년 만에 고국으로 돌아왔는데, 어찌 되었든 그의 오랜 여행은 한나라와 서역이 교류하는 계기가 되었고 이로써 실크로드가 열렸다 한다. '요점을 얻지 못하다'라는 뜻의 요령부득. 삶 자체가 도무지 요령부득이긴 하다.

여도지죄 餘桃之罪

사랑이 떠난 후 남는 죄

전국시대 때 위(衛)나라의 미소년 미자하는 왕의 총애를 한몸에 받고 있었다. 어느 날 그는 어머니가 병들었다는 소식을 듣고 밤에 몰래 임금의 수레를 훔쳐 타고 나갔다. 워낙이는 왕의 허가 없이 왕의 수레를 타면 두 다리가 잘리는 벌을 받게 되었으나 이 사실을 안 왕은 오히려 그의 효성이 지극하다며 상을 내려 칭찬했다. 또 하루는 미자하가 복숭아를 먹다가 맛이 너무 좋다며 반쯤 남은 복숭아를 왕에게 바치자 왕은 그 맛있는 것을 남겨주었다며 기뻐했다. 그러나 세월이 흘러 미자하에 대한 사랑이 식은 왕은 어느 날 사소한 일로 미자하를 꾸짖으며 말했다. "이놈은 본래 성품이 좋지 못한 놈이다. 예전에 나를 속이고 수레를 탔으며, 나에게 먹다 남은 복숭아를 주었도다."

사랑은 그런 것. 먹다 남은 복숭아를 먹인 죄라는 뜻의 여도지죄는 이처럼 과거에는 총애를 받던 일이 나중에는 죄의 근원이 된다는 것으로 애정과 증오의 변화가 심함을 가리킨다. '여도지죄', 참으로 치사한 인간의 죄목이다.

상전벽해 桑田碧海 ▷

놀랄 만한,
몰라보게 달라진 세상 《신선전》에 나오는 말. 어느

날 선녀 마고가 신선 왕방평에게 물었다. "제가 신선님을 모신 지가
어느 새 뽕나무 밭이 세 번이나 푸른 바다로 변하는 시간이나 되었네
요. 이번에 봉래에 갔더니 바다가 다시 얕아져 이전의 반 정도로 줄었
던데, 또 육지가 되려는 것일까요?" 이에 왕방평이 말했다. "그러게.
그러니까 바다에서 먼지가 피어오른다는 말이 있는 거지." 또한 당
나라의 유정지는 〈대비백발옹〉이라는 시에서 이렇게 읊었다. "올해
에 꽃이 지면 얼굴은 더욱 늙으리라 / 내년에 피는 꽃은 또 누가 보려
는가 / 뽕나무 밭도 푸른 바다가 된다는 것은 참으로 옳은 말이네."

　상전벽해는 뽕나무 밭이 푸른 바다로 변한다는 의미에서 몰라보게
달라진 세상풍경을 비유한 말이다. 또한 뽕나무 밭이 바다가 될 수
있을지라도 사람 마음은 변하지 않는다는 뜻이기도 하다. 암튼 세월
의 무상함이 쓸쓸한 일이기는 하지만 한번 우주의 나이와 지구의 나
이를 생각해보자. 사람의 한평생은 순간일 수 있다. 쓸쓸함은 뒤로하
고 지금 이 순간을 잘살아야 하는 것이다.

오월동주　吳越同舟

**더 큰 적 앞에서
작은 적들은 연대한다**　　오나라 사람과 월나라 사람
이 같은 배를 탔다? 무슨 뜻일까? 두 나라는 현재의 중국 남동쪽 장
강 아래 남북으로 붙어 있던 나라들로 거리가 가까우니 서로 싸우기
도 하면서 사이가 좋지 않았지만 두 나라 모두 바다와 강에 맞붙어
있기 때문에 물길을 이용하려면 같은 배를 타야 하는 상황이 자주 있
었다. 그런데 행여 거친 풍랑에 배가 위험에 처하면 배에 탄 오나라
사람들과 월나라 사람들은 싸우다가도 싸움을 멈추고 힘을 합쳤다
고 한다. 그럴 수밖에. 이는 손자의 《손자병법》에 나오는 말이다. "대
저 오나라 사람과 월나라 사람은 원수 사이다. 그러나 그들이 같은
배를 타고 가다가 태풍을 만나게 되면 서로 돕기를 좌우의 손이 함께
협력하듯이 한다."

　　오월동주는 서로 미워하면서도 공통의 어려움이나 이해에 대해서
는 협력하는 경우를 비유하는 말. 더 큰 적이 나타나면 사소한 적끼
리는 뭉치기 마련인 것이 인지상정인바, 그래서 영원한 적도 영원한
우방도 없는 것이리라.

05

공부가
제일 쉬웠어요!

형설지공

내가 주체가 되어 내가 '희망'으로 선택한
'공부'라면 공부가 제일 쉬울 수도
있지 않을까?

불치하문

후생가외

분명 행복은 성적순이 아니다. 그렇다면 행복의 순위는 어떻게 결정되는 걸까? 행복은 지극히 주관적인 성취감이긴 하지만 스스로를 대견하게 여기는 자존감이 높아짐에 따라 느끼게 되는 '뿌듯함'이기도 하다. 그러니까 특별한 재능이나 뚜렷한 목적의식으로 삶의 자존감이 일찍이 형성되지 않았다면 단순히 성적이 좋은 것으로도 자존감이 높아질 확률이 높다는 것. 세상사에 공부만큼 진행이 단순하고 보상이 정확한 일도 없는 것이다.

《공부가 가장 쉬웠어요》라는 책이 있는데, 막노동꾼 출신으로 서울대에 수석 합격해 화제를 모은 저자의 이야기를 담은 책으로 그야말로 공부가 가장 쉬웠다는 고백서다. 동생의 학비와 생활비를 위해 막노동을 하며 힘든 시절을 보내면서 저자가 최후로 승부를 걸었던 것이 공부였단다. 자신이 선택했고 몰두했더니 그게 재미있고 쉽더라는 그의 이야기는 건방지지 않고 솔직하다.

솔직한 그의 말처럼 내가 주체가 되어 내가 '희망'으로 선택한 '공부'라면 공부가 제일 쉬울 수도 있는 것이다.

불치하문 不恥下問 R

모르면 누구에게라도 물어라

《논어》에 나오는 공자님 말씀으로, 아랫사람에게 묻는 것을 결코 부끄럽게 여기지 않아야 한다는 말. 아무리 지위가 낮거나 못난 사람이라 할지라도 자기가 모르는 것을 알고 있을 수 있으니, 자신이 모르는 것을 묻는 일에서는 부끄러울 것이 없다는 뜻이다.

'삼인행 필유아사(三人行 必有我師)'라는 말 또한 '함께 길을 가는 세 사람 가운데 반드시 나의 스승이 될 만한 사람이 있다'는 뜻으로, 어떤 사람에게든 배울 점이 있다는 말이다. 또 '공자천주(孔子穿珠)'라는 말이 있는데, 이는 공자가 실에 구슬 꿰는 방법을 몰라 바느질하는 아낙네에게 물어 개미허리에 실을 매고 구슬 구멍 반대편에 꿀을 발라 개미가 꿀 냄새를 맡고 바늘을 통과해 구슬을 꿰었다는 말인데, 역시 자기보다 못한 사람에게 묻는 것을 부끄럽게 여기지 않는다는 뜻이다.

인터넷 검색도 빠르긴 하지만 모를 때는 아는 사람에게 묻는 것이 무엇보다 최고의 방법이다.

부단히 갈고닦는 자기완성의 길

학문이나 덕행 등을 배우고 닦음을 이르는 말 절차탁마는 원래 톱으로 자르고 줄로 쓸고 끌로 쪼며 숫돌에 간다는 뜻으로, 학문이나 수양뿐만 아니라 기술을 익히고 사업을 이룩하는 데도 인용되는 말이다.

《시경》에 보면 "훌륭한 군자는 마치 자르고 깎고 쪼고 가는 것과 같다"는 구절이 있는데, 공자의 제자 자공이 어느 날 공자에게 이를 물었다. "시경에 '절차탁마'라는 구절이 있는데 이것은 수양을 거듭 쌓아야 한다는 선생님 말씀과 같은 것입니까?" 공자가 이에 대답했다. "이제야 너와 더불어 시경을 논할 수 있게 되었구나. 너는 하나를 들으면 둘을 아는구나."

이로부터 어떤 일을 할 때 정성을 다해 노력하는 것을 '절차탁마' 한다고 표현한다. 또한 어떤 일에 고생을 무릅쓰고 몸과 마음을 다해 무척 애를 쓰면서 부지런히 노력하는 것을 일컫는 말로 각고면려(刻苦勉勵)가 있다.

세상의 모든 영광은 각고면려, 절차탁마의 결과인 것이다.

가르침과 배움이 서로를 키운다

스승은 학생에게 가르침으로써 성장하고, 제자는 배움으로써 진보한다는 뜻. 《예기(禮記)》에 다음과 같은 말이 있다.

"좋은 안주가 있다 하더라도 먹어봐야만 그 맛을 알 수 있고 지극한 진리가 있다 해도 배우지 않으면 그것이 왜 좋은지 알지 못한다. 따라서 배워본 이후에 자기의 부족함을 알 수 있으며 가르친 후에야 비로소 어려움을 알게 된다. 그러기에 가르치고 배우면서 함께 성장한다고 하는 것이다."

벼는 익을수록 고개를 숙인다고 하는데, 배움이 깊은 사람일수록 오히려 자신의 모자람을 더욱 성찰해 겸허해지는 법. 학문이 아무리 깊다 해도 누군가를 가르쳐보면 자신이 미처 알지 못하는 부분이 적지 않다는 것을 알게 된다. 따라서 가르치면서 배우고 배우면서 자라는 것. 스승은 부족한 곳을 더 공부해 제자에게 익히게 하며 제자는 스승의 가르침을 남김없이 받아 더욱 학식이 풍부한 인재로 성장하는 것이다.

손에서 절대 떨어지지 않는 책

항상 손에 책을 들고 글을 읽으면서 부지런히 공부하는 것을 이르는 말 수불석권은 어려운 환경에서도 배우기를 좋아하는 사람이 항상 책을 가까이 두고 독서하는 것을 가리킨다.《삼국지》에 나오는 말.

삼국시대 오나라의 초대 황제인 손권은 장수 여몽이 전쟁에서 세운 공로를 인정해 장군으로 임명하면서 학식이 부족하니 공부 좀 하라고 권했다. 이에 시간 없다는 여몽에게 손권은 "후한의 황제 광무제는 변방일로 바쁜 가운데서도 손에서 책을 놓지 않았으며, 위나라 조조는 늙어서도 배우기를 좋아했다"는 이야기를 들려주었다. 그래서 여몽은 싸움터에서도 학문에 정진했단다. 그 뒤 손권의 부하 노숙이 옛 친구인 여몽을 찾아가 대화를 나누다가 박식해진 여몽을 보고 깜짝 놀라 언제 그만큼 많은 공부를 했는지 묻자, 여몽이 대답했다.

"선비가 만나서 헤어졌다 사흘이 지난 뒤 다시 만날 때는 눈을 비비고 다시 볼 정도로 달라져야만 한다(괄목상대刮目相對)." 괄목상대할 만한, 실로 대단한 여몽이다.

먹을 것도 잊고
몰입하는 경지

《논어》에 나오는 말. 어느 날 초나라 장관 심제량이 공자의 제자 자로에게 물었다. "너의 스승은 도대체 어떤 인물인가?" 자로는 순간 비범한 인품의 스승을 어떻게 표현해야 할지 몰라 결국 대답을 못했다. 그 뒤 공자가 이 사실을 알고 나서 자로에게 말했다. "왜 말을 못했느냐? 내가 학문에 발분하면 끼니도 잊고 도를 즐기며, 근심과 걱정을 잊으며, 늙음이 닥쳐오는 데도 그런 것을 알지 못하는 사람이라고."

발분망식은 끼니를 잊을 정도로 학문에 몰두하는 것을 뜻하는데, 이는 문제를 발견하면 그것을 해결하는 데 열중하는 것을 말한다. 한 가지 일에 온 정신이 쏠리는 몰입의 경지를 표현하는 것.

심리학자 미하이 칙센트미하이의 《몰입의 즐거움》이란 책에서 저자는 인생을 성공적으로 살기 위해서는 한 가지 일에 깊이 빠져드는 '몰입'이 필요하다고 이야기한다. 몰입 없이 맛보는 행복은 외부 상황에 대한 의존도가 높은 반면 몰입으로 찾아온 행복은 스스로의 힘으로 만든 것이므로 더 값지다는 것이다.

형설지공 　　　　　　螢雪之功 🔖

천하무적의
공부 공력
가난은 부끄러운 게
아니라 단지 불편한 것일 뿐이라는 말이 있는
데, 여기서 그 불편함을 이기고 성공한 것을 뜻
하는 말이 형설지공. 그런데 반딧불과 눈의 공이라니?

　중국 동진시대에 손강이란 사람은 집이 가난해서 기름 살 돈이 없
었다. 그래서 늘 눈빛에 책을 비추어 글을 읽었다는데, 결국 그는 어
사대부라는 높은 벼슬에까지 올랐다. 또 차윤이란 사람은 기름을 구
할 수가 없어 여름이면 수십 마리 반딧불을 주머니에 담아 그 빛으
로 밤을 새우며 책을 읽어 마침내 이부상서가 되었다는 이야기가 있
다. 이로부터 어려운 처지에서 공부하는 것을 '형설지공' 또는 단순
히 '형설'이라고 한다.

　물질적 가난은 충분히 극복될 수 있는 것. 맹자님도 이렇게 말씀하
셨다. "하늘은 어떤 사람에게 큰일을 맡기기 전 몸과 마음에 고난과
역경을 준다. 이유인즉 그 사람이 고난과 역경을 통해 강한 인내심
과 의지력을 가져 나중에 무슨 일이든 할 수 있게 하기 위해서다."

자강불식 　　　　　　　　自强不息 🐰

**천재의 99%는 노력으로
이루어진다** 노력만한 힘은 없다. 스스로 최선을 다해 힘쓰
고 쉬지 않는다는 뜻의 자강불식은 오로지 자기 스스로 힘들여 노력
해 멈추지 않는다는 말. 《역경(易經)》에 나온다.

"천체의 운행은 건실하다. 군자는 그것으로써 스스로 힘쓰고 쉬지
않는다." 천체인 대자연의 변화는 정상적이며 어긋남이 없으니, 높
은 학식과 덕행을 가졌거나 높은 관직에 있는 군자는 이것을 본받아
서 스스로 몸과 마음을 단련해 지혜와 품성, 도덕을 닦는 데 힘써야
한다는 뜻이다.

치열한 노력을 뜻하는 말로 또한 위편삼절(韋編三絶)이 있다. 위
편은 가죽으로 맨 책끈을 말하는데 그 가죽끈이 세 번이나 닳아 끊어
졌다는 뜻. 엄청 책을 보았다는 것인데 누구의 행위일까? 바로 공자
님. 이는 《사기》에 나오는 말로, "공자가 늦게 역을 좋아하여 역을 읽
어……가죽끈이 세 번 끊어졌다"고 한 데서 비롯된 표현이다. 공자가
성인이 된 것은 99% 노력 덕분인 것이다.

옛것과 새것의
아름다운 조화　　　《논어》에 나오는 공자의 주옥같은 말 중
하나. "옛것을 다시 배워 새것을 안다면 그는 다른 사람의 스승이 될
수 있다." 전통적인 것이나 새로운 것을 고루 알아야 스승 노릇을 할
수 있다는 말이다. 《중용》에도 이 말이 나오는데 정현은 이렇게 주석
을 달았다. "온은 옛것을 익힌다는 뜻. 처음 배운 것을 익힌 뒤에 거
듭 반복해서 익히는 것을 '온고'라고 한다."

그러니까 과거 문화를 이해하고 받아들이지 않고서는 미래 발전
또한 꾀할 수 없다는 것이 유가의 기본적인 역사관이었던 것.

맥락은 다르지만 옛것과 새것의 공존이란 측면에서 E. H. 카의 역
사 정의를 언급할 수도 있겠다. 그는 《역사란 무엇인가》란 책에서 역
사란 역사가와 사실 사이의 부단한 상호작용의 과정이며 '현재와 과
거 사이의 끊임없는 대화'라고 했다. 역사가와 역사상의 사실은 서로
가 필요한 것이다. 사실을 소유하지 못한 역사가는 뿌리도 없고 열매
도 맺지 않으며 역사가가 없는 사실은 생명도 없고 의미도 없는 법.
과거와 현재는 그렇게 공존하는 것이다.

청출어람 靑出於藍

**스승보다 나은
제자가 되어야**

사람의 본성은 착하다는 맹자의 성선설
과 대립되는 이론으로 순자의 성악설이 있다. 하지만 성선설은 사람
의 본성은 착하기에 그 본성을 따르도록 노력 정진할 것을 강조하고,
성악설은 악한 본성을 이기기 위해서는 더욱 노력 정진해야 함을 당
부한다는 점에서 이 둘은 실천적 측면에서는 결국 같은 주장을 하는
것으로도 볼 수 있다. 성악설을 창시한 순자는 끊임없이 학문에 정진
할 것을 권고하는 글에서 이렇게 말했다.

"학문이란 중도에 그만두어서는 안 된다. 푸른색은 쪽에서 취했지
만 쪽빛보다 더 푸르고 얼음은 물이 이루었지만 물보다도 더 차다."

청출어람은 '푸른색은 쪽[藍]에서 나왔지만 쪽빛보다 더 푸르
다'는 뜻으로, 제자가 스승보다 더 나음을 비유하는 말. 푸른색이
쪽빛보다 푸르듯이, 얼음이 물보다 차듯이 학업을 계속하면 스승을
능가하는 학문의 깊이를 가진 제자도 나타날 수 있다는 말이다. '나
중 난 뿔이 우뚝하다'는 속담 또한 '출람지재(出藍之才)', '출람지예
(出藍之譽)' 등과 함께 '청출어람'과 같은 뜻.

73

후생가외　　　　　　　　　後生可畏

후배란
가히 두려워할 만한 존재다

후생가외란 뒤에 난 사람은 두려워할 만하다는 뜻. 자기보다 먼저 태어나서 지식과 덕망이 나중에 태어난 자기보다 뛰어난 사람이 선생(先生)이고, 자기보다 뒤에 태어난 사람, 즉 후배에 해당하는 사람이 후생(後生)이다. 그런데 이 후생은 젊고 강인해 장래에 무한한 가능성을 가지고 있으므로 가히 두려운 존재라는 것이다. 《논어》에서 공자가 말했다.

"뒤에 태어난 후배들은 가히 두려워할 만한 존재다. 그들이 나보다 못할 것이라고 어찌 단정할 수 있겠는가. 다만 그들이 40이 되고 50이 되어도 이름을 드러내지 못한다면 그때는 두려워할 것이 없다."

공자는 이 말을 통해 뒤따르는 후배들은 항상 학문에 정진해야 하고, 선배 되는 사람들은 학문하는 태도가 늘 겸손해야 함을 일깨우고 있는 것이다. 공자가 굳이 후생가외라고 한 것은 그의 제자 중 특히 재주와 덕을 갖추고 학문이 뛰어난 안회(顔回)의 훌륭함을 두고 이른 말인데, 청출어람을 염두에 두고 한 말일 테다.

망양지탄 望洋之歎

세상은 넓고 나는 왜소하구나!

황하를 다스리는 신 하백은 늘 자기가 거대한 강을 다스린다는 자부심에 충만해 있었다. 그러던 어느 날 그는 우연히 물결을 타고 동쪽 끝으로 가서 북해에 닿았다. 그곳에서 한없이 넓은 바다를 보게 된 그는 그동안의 자부심에 치명상을 입고 한숨을 내쉬었다. 그때 북해의 신 약(若)이 웃으며 말했다.

"우물 안 개구리는 바다를 알 수 없고, 여름 한철 사는 매미는 얼음이 뭔지 알 수 없는 법. 자기가 사는 곳이 세상의 전부인 줄 아는 착각 탓이지요. 지금 그대는 벼랑가에서 나와 큰 바다를 보고 비로소 그대의 어리석음을 깨달았으니, 이제야말로 큰 이치를 말할 수 있게 된 것 아니겠소?"

넓은 바다를 바라보고 감탄한다는 뜻의 망양지탄은 우물 안 개구리가 우물 밖으로 나와 한탄하는 소리. 이것은 끝없는 진리의 길을 보고 스스로 자기가 이루었다고 생각했던 것을 부끄럽게 여긴다는 의미, 또는 자기의 힘이 미치지 못함을 탄식하는 의미로 쓰인다.

06

세상은 넓고
할 일은 많나니

문전성시

진정 세상은 넓고 할 일은 많은 법. 그러나
지나치게 분주하지는 않게 삶을 축제처럼
즐길지어다.

비육지탄

주마간산

영국의 정치가 필립 체스터필드가 일 때문에 떨어져 살아야 했던 아들에게 보낸 편지는 그 절절하고 실천적인 경구들 덕분에 유명하다.

"영웅을 이해하려면 역사를 이해하라."
"인생의 승부는 책을 읽는 습관에 달렸다."
"편견은 올바른 판단의 방해꾼이다."
"몸으로 얻은 지식이 참된 지식이다."
"사소한 것은 있어도 중요하지 않은 것은 없다."
"친구가 많고 적이 적은 사람이 진정한 강자다."
"게으른 자를 위한 변명은 없다."
"작은 일과 하찮은 일을 구분하라."
"정말로 즐거운 일을 하라."
"일의 기쁨을 아는 사람이 노는 즐거움도 안다."
"세상에 어려운 일은 있어도 불가능한 일은 없다."
"바로 이 순간, 시간의 화살을 잡아라."
"오늘 1분을 비웃는 자는 내일 1초에 운다."
"가장 훌륭한 추천서는 자기 자신이다."

진정 세상은 넓고 할 일은 많은 법. 그러나 지나치게 분주하지는 않게 삶을 축제처럼 즐길지어다.

비육지탄 髀肉之嘆

헛되이 세월만 보냄을 슬퍼하노라 넓적다리에 찐 살을 슬퍼한다? 하는 일 없이 놀고먹으면 넓적다리에 살만 찌는 법. 이 말은 보람 있는 일을 하지 못하고 헛되이 세월만 보내는 것을 한탄함을 비유한 것으로, 삼국시대 유비가 한 말이다.

유비는 한때 신야라는 작은 성에서 4년간 할 일 없이 지냈는데, 어느 날 유표의 초대를 받아 연회에 참석했을 때 우연히 화장실에 갔다가 자기 넓적다리에 살이 찐 것을 보고는 슬픔에 잠겨 눈물을 주르르 흘렸다. 다시 연회장에 온 그에게 눈물자국이 있는 것을 보고 유표가 연유를 캐묻자 유비는 대답했다.

"나는 언제나 몸이 말안장을 떠나지 않아 넓적다리에 살이 붙을 겨를이 없었는데 요즈음은 말을 타는 일이 없어 넓적다리에 다시 살이 붙었습니다. 세월은 사정없이 달려 머지않아 기력도 쇠해질 텐데 아무런 공적도 세우지 못한 것이 순간 슬펐나봅니다."

그러니까 비육지탄은 자신의 재주나 용기를 발휘할 기회가 없음을 탄식하는 말이다.

늠름히 빛나는 '참되고 성실한' 정신

"무실역행 등불 밝고 깃발 날리는 곳에, 우리들의 나갈 길이 숫돌 같도다." 이는 도산 안창호와 최남선이 설립한 청년학우회의 회가 가사 내용이다. 뭔가 늠름한 기상이 배어 있지 않은가.

여기서 무실역행은 도산 안창호 선생이 민족의 정신적 지표로 내세운 사상. 공리공론을 배척하며 참되고 성실하도록 힘써 행할 것을 강조하는 사상이다. '무실'이란 '실(實)'을 힘쓰자는 뜻. '실'은 진실·성실, 거짓 없는 것을 말하며, '역행'은 '행(行)'을 힘쓰자는 것.

안창호는 이 무실역행 정신으로 신문화 창조의 지도적 역군 및 민족부흥과 사회개혁의 많은 일꾼을 양성했다. 몇 년 전 한 조사에 따르면 최고경영자들은 불황기 조직 관리에서 이 '무실역행' 원칙을 가장 강조하는 것으로 알려졌다. 무실역행은 일을 참되고 실속 있도록 실행한다는 뜻이니 가장 위급한 곳에 최상의 전력을 투입하는 실속형 관리로 인력 중복과 낭비를 최소화해야 한다는 것이다. 참되고 성실한 무실역행 자세는 언제까지나 빛나야 하는 것이다.

見利思義

견리사의

見利思義

이익 앞에 '나' 보다 '남'을 두어라   어떤 형제가 함께 길을 가다 아우가 황금 두 덩이를 주웠다. 형제는 두 개의 황금 덩어리를 의좋게 하나씩 나누어 가졌는데 배를 타고 강을 건너던 중 아우가 갑자기 금덩이를 강물에 던졌다. 놀란 형이 까닭을 물으니 동생이 말했다. "나는 평소 형을 무척 좋아했는데 오늘 금덩이를 나누어 갖자 문득 형을 시기하는 마음이 생겼어요. 그럴 바에 차라리 황금을 강물에 던져 잊어버리는 편이 나을 것 같아서요." 형도 동생의 말에 공감해 금덩이를 강물 속에 집어던졌단다. 이는 《동국여지승람》에 나오는 이야기인데, 실로 견리사의하기 힘든 것이 인지상정이다.

견리사의란 눈앞의 이익을 보면 의리를 먼저 생각한다는 말. 안중근 의사의 대표적 유묵이 '견리사의 견위수명(見危授命)'이다. 즉 이로움을 보았을 때는 정의를 생각하고 위태로움을 당했을 때는 목숨을 바치라는 뜻. 안중근의 유묵에는 모두 그의 손바닥 도장이 찍혀 있는데, 혈서를 쓰기 위해 잘라낸 네 번째 손가락 한마디의 부재가 선연하다. 견리사의한 신념의 화신으로서 안중근을 기억하자.

부유한 경제력과
튼튼한 군사력

부국강병은 나라의 살림을 넉넉하게 하고, 군사력을 튼튼하게 한다는 말. 동서고금을 막론하고 한 나라를 다스리는 통치자들이나 위정자들이 일관되게 추진해온 핵심 정책이 부국강병이다.

언젠가 근대역사를 풍미했던 9개 강대국들의 흥망성쇠를 다룬 역사 다큐멘터리 〈대국굴기(大國崛起)〉가 사람들의 관심을 휘어잡은 바 있다. '굴기'란 벌떡 떨쳐 일어난다는 것. 세계 초강대국이 어떻게 굴기해 부국강병을 이루었는지를 보여준 다큐였다. 강대국 굴기의 역사를 통해 우리가 배워야 할 것 또한 부국강병의 지혜였기에 이에 대한 관심이 뜨거웠던 것이다.

그런데 사실상 한 나라의 부국강병은 다른 나라의 경제와 안전을 위협할 수밖에 없는 것이 국제질서다. 인류 역사는 자국의 부국강병을 위해 빼앗고 빼앗기는 투쟁의 역사였던 것. 그럴진대 우리는 여전히 부국강병을 소리 높여 외쳐야만 하는 걸까?

뼈가 가루가 될지언정 이내 몸을

〈울지 마 톤즈〉라는 영화가 있다. 수단의 슈바이처라 불리는 이태석 신부의 일생을 다룬 영화다. 그는 오랜 내전으로 폐허가 된 톤즈에서 선교활동을 펼치는 한편 의료시설이 전무한 그곳에 병원을 짓고 오지 마을을 순회하며 이동진료를 하는 등 의사로서 분투하면서, 또한 톤즈의 아이들을 위해 학교 건물을 재건하고 교사들을 영입해 고등학교 과정까지 가르치는 학교를 세웠다. 2008년 대장암 말기 판정을 받고 투병생활을 하는 동안에도 수단을 돕기 위한 활동을 쉬지 않았고 병을 이겨내고 수단으로 돌아가리라는 희망을 끝까지 잃지 않았지만, 결국 2010년 48세를 일기로 세상을 떠난 이 시대의 숭고한 영혼.

그의 삶이 그대로 분골쇄신의 삶이었다. 분골쇄신이란 '뼈를 가루 내고 몸을 조각낸다'는 것으로 목숨을 희생하는 것을 비유한다. 분신쇄골(粉身碎骨)이라고도 하며, 이는 삼국지에 자주 등장하는 말이다. 예컨대 제갈량이 유비가 몸져누웠을 때 하는 말, "신은 단지 분골쇄신하여 폐하를 보필하다가 죽을 따름입니다." 등의 언사가 그렇다.

대의멸친　　　大義滅親

정의를 위해 혈육의 정마저 끊다 춘추시대 때 위나라 왕자 주우는 반란을 일으켜 환공을 죽이고 왕이 되었다. 과격하고 호전적인 그는 다른 나라 제후들에겐 실력을 인정받았으나 정작 자기 나라에서는 민심을 얻지 못했다. 이에 평소 그와 친하게 지내던 석후가 아버지 석작에게 어찌해야 민심을 얻을 수 있는지 물었다. 석작은 원래 선왕 장공에게 주우를 멀리할 것을 충고했으나 받아들여지지 않자 장공이 죽은 뒤 은퇴했던 인물로서 자기 아들이 주우와 친하게 지내는 것을 못마땅하게 여겼다. 그래서 그는 아들에게 주우가 진나라 주선으로 주나라 천자로부터 공식 승인을 받아오면 민심이 따를 것이라 말했다. 그리하여 주우와 석후가 진나라로 떠나자 석작은 진나라에 먼저 사람을 보내 이들이 위나라 왕을 살해한 역적들이니 잡아 죽일 것을 부탁했다. 《춘추좌씨전》은 석작을 이렇게 평가했다. "그는 신하의 도리를 다하기 위해 자기 아들마저 죽였다. 이것이 바로 대의를 위해서라면 친족마저 희생시키는 대의멸친이다." 대의멸친이란 이처럼 올바르고 큰일을 위해 자신의 자식까지도 희생시킨다는 말.

거안사위 居安思危

편안할 때
늘 위기를 생각하라

《좌씨전(左氏傳)》에 나오는 말. 춘추전국시대 때 정나라가 초나라의 침략을 받자 당시 세력이 강하던 진(晉)나라는 11개국 제후를 설득해 초나라를 규탄하고 동맹을 맺어 응징하자고 앞장을 섰다. 결국 12개국은 정나라를 도와 승리를 거두었는데, 강화 후 정나라는 진나라의 은혜에 감사해 전차(戰車)를 비롯한 많은 병기와 3명의 악사, 16명의 미인을 보냈다. 진나라 왕 도공은 이 사례품의 반을 이번 싸움에서 크게 공을 세운 충신 위강에게 주면서 그의 공을 치하하고 위로했다. 이에 위강은 굳이 사양하면서 왕에게 아뢰었다.

"편안할 때 위기를 생각하십시오. 그러면 대비를 하게 되며, 대비 태세가 되어 있으면 근심이 사라지게 됩니다(유비무환有備無患)."

편안할 때도 위태로울 때의 일을 생각하라는 '거안사위'나 늘 준비 태세를 갖추어 미래의 우환에 대비하라는 '유비무환'은 인생을 길게 보는 현명함을 가르치는 말. 일희일비하지 않는 인생, 늘 준비된 삶을 살라는 뜻.

금의야행 錦衣夜行

너는 왜 잘난 나를 모르는 거야 유방과 천하의 패권을 다투던 항우는 홍문의 잔치 때 유방을 죽일 기회를 놓치게 된다. 그리고 며칠 뒤 유방보다 한 발 늦게 진나라 수도 함양에 들어가 유명한 아방궁을 비롯해 모든 궁전을 모조리 불지르고 엄청난 양의 금은보화를 약탈한 다음 고향으로 돌아가려 하자, 이때 부하 한생이 간언한다. "이곳 진나라 땅은 사방이 험한 산으로 막히고 땅이 기름지니 여기에 도읍을 정하면 천하를 잡을 수가 있습니다." 하지만 항우는 불탄 그곳이 싫었고, 또 고향에 돌아가 자신을 뽐내고 싶은 마음에서 "많은 재산과 높은 지위를 얻고도 고향에 돌아가지 않는다면 마치 비단옷을 입고 밤길을 가는 것과 같으니 누가 알아줄 사람이 있겠는가"라고 대꾸했다고 한다. 한생은 물러나 항우를 어리석다고 비웃었고 열받은 항우는 그를 죽여버렸다. 그리고 항우는 머잖아 유방에게 천하를 빼앗기고 만다.

'비단옷 입고 밤길을 걷다'는 금의야행. 알아주는 사람 없어 보람없는 일을 뜻하는데, '금의환향(錦衣還鄉)' 즉 비단옷 입고 고향에 돌아가고자 하는 항우의 지극히 인간적인 욕망이 일을 그르친 것.

마치 문 앞이 시장인 듯 혼잡하다

한나라 애제(哀帝)는 어린 나이로 제위에 올라 실권이 외척에게 있었으나 그래도 정승이라는 어진 신하가 있어 다행이었는데, 어느덧 미소년에 빠져 나라 일을 돌보지 않고 정승을 멀리했다. 그 틈에 간신들이 기회를 잡고 정승을 모함하니 애제는 그를 불러 꾸짖었다.

"그대의 문 앞이 시장과 같이 사람이 많이 모인다는데, 무슨 음모를 꾸미려는 것이냐?" 이에 정승이 말했다. "신의 집 문 앞이 저자와 같을지라도 신의 마음은 물과 같습니다. 황공하오나 한 번 더 조사해 주십시오." 그러나 애제는 황제의 말에 대꾸했다며 노발대발, 평소 눈엣가시였던 정승을 옥에 가두었다. 어리석은 애제는 충신을 죽여 한나라의 멸망을 재촉했던 것.

문정성시는 이후 고위공직자가 사람을 끌어들여 뇌물을 받거나 패거리를 만드는 행위를 경계하는 말로 쓰이게 되었으나, 단순히 혼잡하게 붐비는 것을 뜻하기도.

주마간산 走馬看山

너무 바빠 대충 지나치다 말을 타고 달리면서 산을 바라본다는 뜻의 주마간산은 일이 몹시 바빠 이것저것 자세히 살펴볼 틈 없이 대강 대강 훑어보고 지나침을 비유한 말. 힘차게 달리는 말 위에서는 사물을 아무리 잘 살펴보려고 해도 말이 뛰는 속도가 빠르니 순간순간 스치는 모습만 겨우 볼 수 있을 뿐. 그러나 주마간산의 본뜻은 이와 다르다. 당나라 때 시인 맹교는 관직에 나아가지 않고 시를 지으면서 청렴하게 살았는데, 어머니의 뜻에 못 이겨 늦은 나이에 과거에 응시해 겨우 46세가 되어서야 급제했다. 맹교는 등과한 후 자신을 바라보는 세상인심이 급변한 것을 보고 이렇게 시를 읊었다.

"지난날 궁색할 때는 자랑할 것 없더니 / 오늘 아침에는 우쭐해 생각에 거칠 것이 없어라 / 봄바람에 뜻을 얻어 세차게 말을 모니 / 하루 만에 장안의 꽃을 다 보았네."

여기서 '달리는 말 위에서 꽃을 본다'는 주마간화(走馬看花)는 대충 보는 것이 아니라 하루 만에 장안의 좋은 것을 모두 맛보았다는 비유적 표현. 이것이 어찌어찌해 대충 보는 주마간산으로 변한 것이다.

자연의 품속에서
참된 인생을

산해진미

자연의 품속에서 하루하루 '나아지는' 삶을
산다면 그것이야말로 인생 잔치 아닐까?

등화가친

수간모옥

"왜 생일에 촛불을 켜고 케이크를 만들어 축하를 하지요?"

그들(원주민)이 물었다.

"축하란 무언가 특별한 일이 있을 때 하는 건데 나이를 먹는 게 무슨 특별한 일이라도 된다는 말인가요? 나이를 먹는 데는 어떤 노력도 들지 않아요. 나이는 저절로 먹는 겁니다."

"나이 먹는 걸 축하하지 않는다면, 당신들은 무얼 축하하죠?"

"나아지는 걸 축하합니다. 지난해보다 올해 더 훌륭하고 현명한 사람이 되었으면 그걸 축하하는 겁니다. 하지만 그건 자신만이 알 수 있으니까, 잔치를 열어야 할 때가 언제인지를 말할 수 있는 사람은 바로 잔치의 주인공이지요."

– 《무탄트 메시지》 중에서

우리들, 잔치를 열어야 할 때는 언제일까? 아무려나, 자연의 품속에서 하루하루 '나아지는' 삶을 살아야 할 것.

등화가친   燈火可親

가을은
독서의 계절일지니

등불을 가까이 할 수 있다는 '등화가친'은 학문을 탐구하기에 좋다는 뜻. 당(唐)대의 대문호이자 사상가, 정치가인 한유가 아들의 독서를 권장하기 위해 지은 시 〈부독서성남시(符讀書城南詩)〉에 등장한다.

"때는 가을이 되어 장마도 마침내 개이고 / 서늘한 바람은 마을에 가득하다 / 이제 등불도 가까이 할 수 있으니 / 책을 펴보는 것도 좋지 않겠는가."

서늘한 가을 저녁 밝은 등잔불 아래서 귀뚜라미 소리를 들으며 독서에 열중하고 있는 모습을 상상하게 만드는 구절. 흔히 '등화가친의 계절'이라 하면 가을을 가리키는 것.

또한 가을이 오면 등장하는 대표적 사자성어는 천고마비(天高馬肥). 가을 하늘이 높으니 말이 살찐다는 뜻으로, 가을은 기후가 매우 좋은 계절임을 형용하여 이르거나 활동하기 좋은 계절임을 이르는 말.

편안하게 가난을 즐기는 도의 경지

'가난하지만 편안한 마음으로 도를 즐긴다'는 안빈낙도. 이는 소극적으로는 '몸을 닦고 분수를 지키는' 경지지만 적극적으로는 자기 긍지를 지닌 채 '도를 즐기는' 경지다.

공자가 총애했던 제자 안회(안연)는 어찌나 열심히 학문을 익혔는지 나이 스물아홉에 백발이 되었다고 한다. 특히 덕행이 뛰어나 공자도 그로부터 배울 점이 많았다고 하는데 한 가지 아쉬운 것은 너무 가난했다는 것. 하지만 그는 그런 외부 환경을 탓하거나 자신의 처지를 비관한 적이 한 번도 없었다. 오히려 주어진 환경을 순순히 받아들이고 성인의 도를 추구하는 데 열심이었다. 그래서 공자는 이렇게 말했다. "변변치 못한 음식을 먹고 누추하기 그지없는 뒷골목에 살면서도 아무런 불평이 없구나. 가난을 예사로 여기면서도 여전히 성인의 도 좇기를 즐겨하고 있으니 이 얼마나 장한가."

그렇게 아끼던 제자였건만 안회는 서른한 살에 요절하고 말았다. 공자가 그를 높이 평가한 까닭은 그의 호학과 안빈낙도의 생활 자세에 있었던 것.

청빈한 삶의 아름다운 터전

수간모옥은 몇 칸 안 되는 띠풀로 지붕을 인 작은 오두막집을 말한다. 옛 선비들은 벼슬을 멀리하고 자신의 심신수양을 위해 깊은 산속 개울가에 이런 오두막집을 짓고들 '안분지족(安分知足)' 하는 삶을 살았다는데, 옛날 오두막집이 하나의 전형화된 '선비로서의' 삶의 패턴이었다면, 현대의 오두막집은 자본과 경쟁을 물리친 '자발적 가난'의 형태를 상징한다고도 볼 수 있겠다.

그 대표적 예가 법정스님의 오두막집. 우리에게 '무소유'라는 엄청난 정신적 가치를 알려준 법정스님은 자신의 몸이 필요로 하는 최소한의 공간에서 평생을 구도자로 사셨던 분.

스님에게 이런 '수간모옥'을 전파한 인물은 바로 헨리 데이비드 소로. 그는 하버드대학을 졸업했지만 안정된 직업을 갖지 않고 측량일이나 노동으로 생계를 유지하면서 월든 호숫가의 숲 속에 들어가 통나무집을 짓고 밭을 일구면서 자급자족하는 생활을 했는데, 그의 대표작 《월든》은 그 숲 속 오두막집 생활의 기록인 것이다.

단사표음 　　　　　　　　　　簞食瓢飮 ❮

참으로 소박하기가 이를 데 없음 　한 소쿠리의 밥과 표주박의 물이라는 말로, 매우 소박한 생활이라는 뜻의 단사표음 또한 공자가 자신의 애제자 안회를 칭찬하며 사용한 말이다. 공자의 기대에 부응해 '하나를 들으면 열을 아는(문일지십聞一知十)' 영민함을 갖춘 안회. 그러나 안회는 찢어지게 가난해 끼니 거르기를 밥 먹듯 했으며 평생 지게미조차 배불리 먹어본 적이 없을 정도였다. 스승 입장에서 어찌 안타까움이 없었을까. 공자는 늘 안회를 칭찬했다. "어질도다, 안회여. 한 소쿠리의 밥과 한 표주박의 물로 누추한 곳에 거처하며 산다면, 다른 사람은 그 근심을 견뎌내지 못하거늘 안회는 즐거움을 잃지 않는구나. 어질도다, 안회여."

　공자의 말씀 이후 단사표음은 초야에 묻혀 사는 은사들의 생활 표상이 되었다. 논어 표현 그대로 일단사일표음(一簞食一瓢飮)이라고도 한다. 비슷한 말로 단표누항(簞瓢陋巷)은 도시락과 표주박과 누추한 거리라는 뜻으로, 소박한 시골 생활을 비유한 말. 된장녀 된장남의 이상과는 상극인 상황이 아닐 수 없다.

산은 산이고
물은 물이런가

'산을 좋아하고 물을 좋아하다' 라는 뜻의 요산요수는 곧 자연을 좋아하고 즐긴다는 말. 공자님 말씀에 나온다. "지혜로운 사람은 물을 좋아하고, 어진 사람은 산을 좋아한다. 지혜로운 사람은 움직이고, 어진 사람은 고요하다. 지혜로운 사람은 즐겁게 살고, 어진 사람은 장수한다."

　지혜로운 사람은 사리에 밝아 물이 흐르듯 막힘이 없으므로 물을 좋아하며, 또한 지적 욕구를 충족하기 위해 돌아다니기를 좋아하고 그러한 것들을 즐기며 산다. 이에 비해 어진 사람은 의리를 중히 여겨 그 중후함이 산과 같으므로 산을 좋아하는데, 어진 사람은 대부분 고요한 성격으로 집착하는 것이 없어 오래 산다고 했다. 요산요수의 원래 뜻은 이와 같으나 오늘날에는 보통 자연을 좋아하는 것을 비유하는 말로 사용된다. 속세를 떠나 얽매이지 않고 자유분방하게 삶을 즐기는 '유유자적(悠悠自適)'한 삶을 이른다. 성철스님 어록에 길이 남는 명구 '산은 산이고 물은 물이다'를 깨닫기 위한 기초 자세라 할 수 있겠다.

세월아 네월아, 나를 두고 가지 마렴

자연을 벗삼아 한껏 풍류를 즐기는 감상을 표현한 음풍농월은 가끔 하는 일 없이 헛되이 놀고먹기만 하는 무위도식(無爲徒食)자를 비아냥대는 표현으로 사용된다.

옛말에 '일기(壹妓), 이첩(貳妾), 삼처(參妻)'라는 말이 있는데, 그 뜻인즉 '마누라보다는 첩이 좋고 첩보다는 기생이 더 좋다'는 것. 이렇게 첩과 기생 좋아하다가 패가망신한 사내들이 수두룩한데, 그중 대표 인물이 바로 이춘풍. 주색잡기에 홀려 물려받은 재산을 모두 탕진하고 아내의 눈물겨운 노력으로 겨우 망하기 일보 직전에 살아난 춘풍은 평양으로 장사를 떠났다가 제 버릇 개 못 주고 그곳 제일 기생 추월의 눈웃음에 한방에 넘어가고 만다. 그리하여 '가을달' 추월과 음풍농월하며 세월 가는 줄 모르다 장사 밑천 다 날리고 정신 못 차리는 한심남으로 등극하는데.

진정한 음풍농월이라 하면 주색잡기가 아닌, 자연을 병적으로 심하게 사랑하는 연하고질(煙霞痼疾), 천석고황(泉石膏肓)의 경지를 바 라보는 것 아니겠는가.

고복격양 鼓腹擊壤

권력이 필요 없는 태평성대

고복격양은 배를 두드리고 발을 구르며 흥겨워한다는 뜻. 백성들이 태평세월을 누린다는 말이다. 천하의 성군으로 꼽히는 요(堯)임금이 나라가 잘 다스려지는지 알아보기 위해 평복 차림으로 민정 시찰에 나섰다. 어느 네거리를 지나는데 어린아이들이 서로 손을 잡고 이런 노래를 부르고 있었다. "우리가 이처럼 잘살아가는 것은 모두가 / 임금님의 지극한 덕이네 / 우리는 아무것도 알지 못하지만 / 임금님이 정하신 대로 살아간다네."

기분이 좋아진 요임금은 중심가를 벗어나 한적한 교외로 나갔다. 그때 한 백발노인이 또한 노래를 부르고 있었다. "동이 트면 일을 하고 해가 지면 쉰다네 / 밭을 갈아 배불리 먹고 우물 파서 물 마시니 / 임금님의 힘이 나에게 무슨 소용이랴."

이 노래를 들은 요임금은 입이 찢어졌다는데, 이것이 바로 '가만히 놔둬도 저절로 다스려지는 이상적 정치'인 무위지치(無爲之治). 노자는 요임금처럼 지배자가 있는지 없는지 모를 정도로 정치를 잘하는 지배자를 최고의 통치자로 꼽았다.

산해진미　　　　　　山海珍味 ☺

**입이 행복해지는
먹는 즐거움**　산해진미는 당나라 시인 위응물이 저술한 《장
안도시(長安道詩)》에 나오는 말로서, 산과 바다에서 나오는 온갖 재
료로 만든 진기한 음식을 말한다.

중국인들은 먹는 것을 하늘처럼 여긴다고 할 정도로 먹는 것을 즐
기고 중시하는 민족이다. 따라서 중국음식은 요리 수가 많기로 유명
하며 별의별 재료의 음식이 등장하는데, 이런 음식을 산해진미라고
한다. 산해진미를 몇 가지로 나누면 이렇다. 진기한 음식으로는 바다
제비집 요리, 사슴 힘줄 요리, 뜸부기 포 등이 있고, 기이한 음식으로
는 낙타 혹으로 만든 음식 등이 있으며, 잔인한 음식으로는 고릴라 입
술로 만든 음식, 원숭이 뇌로 만든 음식, 곰 발바닥으로 만든 음식 등
이 있다. 먹는 즐거움을 향한 욕망을 나무랄 수는 없지만 부디 인간
의 '혀'만을 위한 동물 학대만큼은 없기를 바랄 뿐.

산해진미가 그저 맛있는 음식을 가리킨다면, 살진 고기와 좋은 곡
식으로 만든 맛있는 음식을 뜻하는 고량진미(膏粱珍味)는 위정자의
탐욕을 비아냥대는 말로도 쓰인다.

08

거스를 수 없는
삶의 이치

뜻이 확고하게 서기도 어려우며,
정작 뭔가에 뜻을 두는 것도 쉽지 않은 일.
그러나 바로 지금 궁구하라!

근묵자흑

다다익선

공자는 만년에 자신의 삶을 이렇게 회고했다.

"나는 나이 열다섯에 학문에 뜻을 두었고(지학志學), 서른에 뜻이 확고하게 섰으며(이립而立), 마흔에는 무엇에도 마음이 흔들리지 않았고(불혹不惑), 쉰에는 하늘의 명을 깨달아 알게 되었으며(지천명知天命), 예순에는 남의 말을 듣기만 하면 곧 그 이치를 깨달아 이해하게 되었고(이순耳順), 일흔이 되어서는 무엇이든 하고 싶은 대로 해도 법도에 어긋나지 않았다(종심從心)."

공자의 삶처럼 진행되는 삶은 그야말로 완벽한 성인의 삶일진대, 이것은 마음에 걸어두고 가끔 나의 삶을 점검하는 잣대로 삼을 만한 말일 뿐. 그 무엇에도 마음이 흔들리지 않는 불혹의 경지만 해도 평생을 가도 얻기 힘든 것. 뜻이 확고하게 서기란 또 얼마나 어려우며, 정작 뭔가에 뜻을 두는 것도 쉽지 않은 일 아닌가 말이다.

하지만 가만 보면 이 모든 단계는 한순간에 얻을 수도 있는 것. 어떻게? 바로 지금 궁구하라!

순망치한 脣亡齒寒 [R]

떼려야 뗄 수 없는 밀접한 관계 순망치한은 입술이 없으면 이가 시리다는 말로 서로 떨어질 수 없는 밀접한 관계라는 뜻.

춘추시대 말엽, 진(晉)나라 헌공은 괵나라를 공격할 야심을 품고 괵나라로 가는 길목에 있는 우나라 우공에게 그곳을 지나도록 허락해 줄 것을 요청했다. 허나 우나라의 현자 궁지기는 헌공의 속셈을 알고 우왕에게 간언했다. "괵나라와 우나라는 한몸이나 다름없는 사이인지라 괵나라가 망하면 우나라도 망할 것이옵니다. 옛 속담에도 수레의 짐받이 판자와 수레는 서로 의지하고, 입술이 없어지면 이가 시리다 했습니다. 이는 바로 괵나라와 우나라의 관계를 말한 것입니다. 결코 길을 빌려주어서는 안 되옵니다." 그러나 뇌물에 눈이 먼 우왕은 "진과 우리는 같은 종족 나라인데 어찌 우리를 해칠 리가 있겠소?"라며 말을 듣지 않았다. 이에 궁지기는 후환이 두려워 우나라는 올해를 넘기지 못할 것이라는 말을 남기고 가족과 함께 우나라를 떠났다. 그리고 진나라는 궁지기의 예언대로 괵나라를 정벌하고 돌아오는 길에 우나라도 정복하고 우왕을 사로잡았단다.

백년하청 百年河淸

기다려 기다려도 소용없어라

춘추시대 때 정(鄭)나라가 초나라의 속국인 채
나라를 공격했다. 초나라는 즉각 보복에 나서 대규모 군사작전을 펼
쳤고 이에 정나라는 존망의 위기에 처했다. 이때 정나라에서는 두 가
지 주장이 대립했다. 진나라의 원군을 기다려 당당히 맞서자는 주장
과 항복해서 나라를 보존하자는 주장. 그때 자사가 이렇게 말했다.

"인생은 짧기 때문에 황하의 흐린 물이 맑아지기를 평생 기다려도
소용없다는 주나라 시가 있습니다. 계책이란 것은 많으면 많을수록
오히려 목적달성에는 방해만 되는 것. 지금 우선은 초나라에 항복하
고 나중에 진나라 군대가 오면 그때 가서 그들을 따르면 됩니다."

진나라 구원병을 기다리다가는 나라가 당장 망할 텐데 그게 무슨
소용 있겠느냐는 뜻이었다. 약소국가 지도자로서 지극히 현실주의
적인 발언을 한 것이다. 결국 정나라는 초나라와 화친하고 위기를
넘겼다는데.

백년을 기다려야 황하는 맑아지니 아무리 기다려도 소용없다는 뜻
의 백년하청. 백년하청해봐야 안 될 것은 안 되는 것이다.

세월부대인　　　　　　　歲月不待人

세월은 결코 '나'를 기다려주지 않는다　세월은 한 번 지나가면 다시 돌아오지 않으니 시간을 소중하게 아껴 쓰라는 뜻의 세월부대인은 나이 40세에 귀거래사(歸去來辭)를 쓰고 고향으로 돌아가 자연에 묻혀 산 천재시인 도연명의 〈잡시(雜詩)〉에 나오는 말이다.

"인생은 뿌리 없이 떠다니는 것 / 밭두렁의 먼지처럼 표연한 것 / 바람 따라 흐트러져 구르는 / 인간은 원래 무상한 몸 / 땅에 태어난 모두가 형제이니 / 어찌 반드시 골육만이 육친인가 / 기쁨 얻거든 마땅히 즐겨야 하며 / 말 술 이웃과 함께 모여 마셔라 / 젊은 시절은 거듭 오지 않으며 / 하루에 두 번 아침을 맞지 못할지니 / 때를 놓치지 말고 부지런히 행하라 / 세월은 사람을 기다려주지 않느니."

사실 도연명은 늙기 전에 술이라도 실컷 마시고 허망한 속세의 근심을 잊어버리자는 취지에서 이 시를 썼으나, 어쩌다보니 '세월부대인'은 젊은이들에게 공부를 부지런히 하라는 의미로 쓰이게 되었다.

뿌린 대로 거두는
세상 이치

세상일엔 나름대로의 질서와 법칙이 있는 법. 이러한 세상 이치를 가리키는 말은 참으로 많은데 그중 대표적인 것이 사필귀정. 뿌린 대로 거둔다는 말인데, 처음에는 옳고 그름을 가리지 못해 올바르지 못한 일이 일시적으로 통용되거나 득세할 수는 있지만 오래가지 못하고 모든 일은 결국 반드시 바른 길로 돌아가게 되어 있음을 비유하는 말. 여기서 '사(事)'는 '세상의 모든 일'을 뜻하고, '정(正)'은 '세상의 올바른 법칙'을 뜻한다.

이처럼 세상 이치를 말하는 표현 중 또 하나의 명구가 '회자정리 거자필반(會者定離 去者必返)'이다. 만난 사람은 반드시 헤어지고 떠난 사람은 반드시 돌아오기 마련이라는 것. 사람 관계란 이처럼 나름의 이치를 갖는 것이니 지금 만났다고 너무 기뻐 들뜨지 말고 헤어졌다고 슬퍼 울고불고 하지 말라는 것이다. 이 말은 부처님이 열반(죽음)을 예고하자 제자인 아난이 슬퍼하는 모습을 보고 부처님께서 위로차 하신 말씀인 것. '생자필멸(生者必滅)', 즉 무릇 생명 있는 것은 반드시 죽을 때가 있는 법. 이 또한 부처님 말씀.

종두득두 종과득과　種豆得豆種瓜得瓜

원인이 있기에 결과가 있는 법

뿌린 대로 거두는 이치를 나타내는 또 하나의 명언이 '종두득두 종과득과'다. 즉 콩을 심으면 콩을 거두고 오이를 심으면 오이를 거둔다는 뜻으로, 원인과 상관없는 결과란 있을 수 없다는 것을 너무도 구체적인 예로 표현한 것. 사람이 어리석다는 것은 콩을 심어놓고 팥을 거둘 수 있기를 기대한다거나 오이밭에서 가지를 얻기를 기대하는 허황한 마음을 갖는 것을 이르는 것.

역시 같은 의미로 인과응보(因果應報)가 있다. 이는 불교윤리의 기본이 되는 사상으로 사실상 대단히 심오한 말인데 간단히 말해 원인과 결과는 서로 물고 물린다는 뜻. 말 한마디라도 좋게 해서 덕을 쌓으면 그것이 다 내게 좋은 과보로 돌아온다는 것. 평생 자기수양을 게을리하지 말라는 것이다.

비슷하게는 자기가 저지른 일의 결과를 자기가 받는다는 뜻의 자업자득(自業自得), 자기가 한 말과 행동에 자신이 구속되어 어려움을 겪는다는 뜻의 자승자박(自繩自縛)이 있다.

다다익선 多多益善

많은 것은 좋지만
지나친 것은 나쁘다? 기왕이면 무엇이든 많으면 많

을수록 더 좋다는 뜻의 다다익선. 중국 한나라 장수 한신이 한고조
유방과 장수의 역량에 대해 이야기하는 장면에서 나온 말이다. 한고
조가 물었다. "나는 얼마의 군사를 거느릴 수 있는고?" "10만 정도
의 군사를 거느릴 수 있습니다." "그럼 자네는?" "예, 저는 다다익
선이라 많으면 많을수록 좋습니다." 이에 유방이 가소롭다는 듯 웃고
나서 다시 물었다. "그러면 그렇게 뛰어난 네가 왜 나한테 잡혀 장수
로 있느냐?" 한신이 답하길, "그것은 별개의 문제. 폐하께서는 병사
의 장수가 아니오라 장수의 장수이시옵니다. 이것이 신이 폐하의 포
로가 된 이유의 전부이옵니다."

군사의 통솔 능력을 말하던 다다익선이 오늘날에는 많을수록 좋다
는 뜻으로 두루 쓰이고 있는 것. 이것은 인지상정(人之常情), 즉 사람
이면 누구나 가지는 평범한 마음상태인데, 동가홍상(同價紅裳) 또한
인지상정의 표현. 즉 같은 값이면 다홍치마라는 뜻의 동가홍상은 여
러 물건 값이 모두 같다면 가장 좋은 쪽을 선택한다는 말.

가까이 하는 것에 '나'는 물들어간다

"무릇 쇠와 나무는 일정한 형상이 없어 겉틀에 따라 모나게도 되고 둥글게도 된다. 또 틀을 잡아주는 도지개가 있어 도지개에 따라 습관과 성질이 길러진다. 이런 까닭으로 주사(朱砂)를 가까이 하면 붉게 되고, 먹을 가까이 하면 검게 된다. 소리가 조화로우면 울림이 맑고, 형태가 곧으면 그림자 역시 곧다."

중국 서진(西晉) 때의 학자 부현의 글 〈태자소부잠(太子少傅箴)〉에 나오는 말이다. 여기서 근묵자흑은 먹을 가까이 하다보면 자신도 모르게 검어진다는 뜻으로, 사람은 주위 환경에 따라 변할 수 있다는 것을 비유한 말.

《순자》에도 같은 표현이 있다. '삼 밭의 쑥'이라는 뜻의 마중지봉(麻中之蓬). 즉 "쑥이 삼 밭에서 자라면 붙들어주지 않아도 곧게 자라고, 흰 모래가 진흙 속에 있으면 함께 검어진다"는 말로서 사람도 주위환경에 따라 선악이 다르게 될 수 있음을 나타냈다.

같은 뜻의 또 다른 표현으로 귤화위지(橘化爲枳), 남귤북지(南橘北枳)가 있다.

고장난명 孤掌難鳴

상대가 있어야 싸움도 되고
일도 풀리는 법 2010년 남아프리카공화국 월드컵에 나
서는 한국 축구 국가대표팀에게 해주고 싶은 사자성어 1위로 등극한
말이 바로 '고장난명'. 이는 외손뼉, 즉 한 손으로는 소리가 나지 않는
다는 말. 손뼉이 울리기 위해서는 두 손바닥이 마주쳐야만 한다는 뜻
으로, 혼자서는 일을 이룰 수 없음을 비유하거나, 맞서는 사람이 없
으면 싸움이 되지 않음을 비유할 때 쓴다. 따라서 스타 선수라도 혼
자서만 튀지 말고 협동해서 조직력으로 승부하라는 주문인 것이다.

이것은 《한비자》에 나오는 말로, "군주의 걱정은 호응함이 없음에
있는 것, 한손으로 홀로 쳐서는 소리가 나지 않는다"고 했다. 군주와
신하가 쓰임새는 다르나 즐겁게 공명을 이루어 나라를 다스려야 명
분과 실리를 갖춰 하는 바를 같이 이룰 수 있다는 것.

어떤 일을 할 때 의견이 서로 맞지 않아 일이 성사되지 않을 경
우, "손바닥도 마주쳐야 소리가 나지"라고 하는데, 이 말이 바로 고
장난명. 긍정적인 결과보다는 부정적인 결과가 생겼을 때, 주로 비방
하는 투로 많이 쓴다.

복은 한 사람에게 몰리지 않는다

코뿔소가 한번은 신을 찾아가 사자와 같이 날카로운 이빨을 달라고 졸랐다. 이에 신은 코뿔소에게서 나뭇잎과 풀을 잘게 씹어 먹을 수 있는 이빨과 자신을 방어할 수 있는 뿔을 가져가고 대신 날카로운 이빨을 주었다. 그런데 얼마 후 코뿔소가 다시 신을 찾아와 눈물을 뚝뚝 흘리며 말했다. "초식동물인 제게 날카로운 이빨이 생기자 도저히 풀과 나뭇잎을 먹을 수 없습니다. 그렇다고 동물들을 사냥하려니 제 발은 너무 느리고. 더구나 사냥은 제 천성에도 맞지 않고요. 부디 저를 불쌍히 여겨 원래 모습을 돌려주세요."

신은 코뿔소의 청을 다시 들어주었을까?

'각자무치'란 뿔이 있는 짐승은 날카로운 이가 없다는 뜻으로, 한 사람이 모든 재주나 복을 다 가질 수 없음을 의미한다. 그렇기에 우리는 서로의 재능과 강점을 살려 조화롭게 더불어 살아가야 하는 것이다. 시너지 효과라는 것이 이렇듯 각자의 장점이 결합해서 생기는 '더욱 큰 힘' 아니겠는가. 각자무치를 깨닫는 것이 삶의 지혜다.

만사휴의 萬事休矣

이젠 어찌 해볼
도리가 없네 당나라가 멸망한 후 중국은 5대10국 혼란기를 맞았다. 형남은 10국 중 하나로, 당말에 형남 절도사로 파견되었던 고계흥이 세운 나라다. 형남은 4대 57년간 유지되다가 멸망했는데, 이유는 고계흥의 아들 종회와 손자 보욱 때문이었다. 어려서부터 병약했던 보욱을 종회는 도가 지나칠 정도로 애지중지했고 종회의 맹목적인 사랑을 받으며 자란 보욱은 안하무인일 수밖에 없었는데, 보욱은 다른 사람이 자기를 꾸짖으며 노려보아도 그저 귀엽게 여기는 줄만 알았다. 이 소식을 전해 들은 형남 사람들은 '이제 모든 것이 끝났구나(만사휴의)' 하며 탄식했다고 한다. 보욱은 자기 형에 이어 보위에 올라야 하는데, 이렇게 자부심도 줏대도 없고 게다가 가치관마저 무너진 사람을 가지고는 나라의 운명을 어찌 해볼 도리가 없다는 뜻이었다. 결국 왕이 된 보욱은 변태성욕을 즐기고 사치에 빠져 나랏일은 뒷전이었으니.

만사휴의는 도무지 대책을 세울 방법이 없을 정도로 일이 틀어졌을 때 체념조로 내뱉는 말이다.

09

정치,
다스림의 철학을 묻다

도탄지고

군주는 절대 남을 탓해서는 안 되며
나를 살펴야 한다. 또한 그 누구에게라도
물어보고 경청할 줄 알아야 한다.

타산지석

내우외한

동양 리더십의 고전 《정관정요(貞觀政要)》는 군주의 자세를 가르치는 책. 여기서 군주가 온몸에 새겨야 할 지침은 12가지다.

첫째, '밖'이 아닌 '안'을 살필 것. 군주는 결코 남을 탓해서는 안 되며 나를 살펴야 한다. 둘째, 군주가 되려면 끊임없이 새로운 마음으로 공부해야 한다. 셋째, 그 누구에게라도 물어보고 또한 경청할 줄 알아야 한다.

넷째, 덕을 쌓을 것. 이것은 백성을 위해 할 수 있는 일을 늘 근심하는 것. 다섯째, 사람을 정성껏 대할 것. 여섯째, 인재 등용에 힘쓸 것.

일곱째, 신상필벌(信賞必罰)을 분명히 할 것. 그리고 상과 벌을 내릴 때 무엇보다 원칙을 지켜야 함은 물론. 여덟째, 좋고 싫음을 쉽게 드러내지 말 것.

아홉째, 진정한 마음으로 다스릴 것. 열째, '나'를 늘 단속하고 경계할 것. 열한 번째, 어려웠던 지난 시절을 늘 기억할 것. 열두 번째, 거안사위, 편안할 때 위태로움을 생각할 것.

끊이지 않는
근심, 걱정, 두려움　춘추시대 중엽 막강 세력 초나라
와 진나라가 대립하던 때, 두 나라는 서로 침범하지 않기로 맹약하고
다른 여러 제후국들을 다스렸다. 그러나 초나라가 정나라를 침략함
으로써 맹약은 깨어졌는데, 정나라는 그보다 먼저 진나라에 항거했
으니 진나라 장군 낙서(樂書)는 정나라를 치기 위해 군사를 일으켰
다. 그런데 막상 진과 초의 두 군대가 충돌하게 되자 낙서는 초나라
와 싸우고자 했다. 그러자 부장군 범문자는 이를 말렸다. "제후로 있
는 자가 반란하면 이를 토벌해야 함이 마땅한 것이지 그를 돕게 되면
나라가 혼란해지는 것."

　이에 낙서가 말했다. "성인이라면 밖으로부터의 재난을 견딜 수 있
겠지만, 우리는 밖으로부터의 재난이 없으면 반드시 안으로 우환이
있을 것이오. 그러니 그것을 어찌 견디겠소."

　여기서 유래한 '내우외환'은 나라 안의 근심이나 분쟁과 나라 밖
으로부터의 환난이라는 뜻으로, 인간은 항상 근심 속에 살고 있다는
말. 개인이건 나라건 내우외환은 빈번한 삶의 불청객.

가정맹어호　　　　苛政猛於虎　🔖

호랑이보다 더 무서운 것이
정치

공자가 노나라의 혼란 상태에 환멸을 느끼고 제나라로 향하던 중 허술한 세 개의 무덤 앞에서 몹시도 슬피 우는 여인을 만났다. 사연을 들어보니 시아버지, 남편, 아들을 모두 호랑이가 잡아먹었다는 것. 이에 공자가 말했다. "그렇다면 이곳을 떠나서 사는 것이 어떠냐?" 그러자 여인은 "여기서 사는 것이 차라리 괜찮습니다. 다른 곳으로 가면 무시무시한 세금 때문에 그나마 살 수가 없습니다"라고 대답했단다. 이에 공자가 제자들에게 엄숙히 말하노니, "백성을 착취하는 포악한 정치 또는 관리들은 사람을 잡아먹는 호랑이보다 더 무시무시한 것 아니겠느냐?"

가정맹어호란 가혹한 정치는 호랑이보다 더 무섭다는 뜻. 일찍이 성 아우구스티누스도 말했듯 '정의가 없다면 국가란 도둑들 소굴에 불과한' 것. 호랑이에게 물려 죽는 사람은 사실상 그리 많지 않지만 포악한 정치는 수많은 백성을 죽이는 것이다. 같은 맥락을 갖는 말로 가혹하게 세금을 거두거나 백성의 재물을 억지로 빼앗는다는 뜻의 가렴주구(苛斂誅求)가 있다.

도탄지고　　　　　　　　　塗炭之苦

진흙탕에 빠지고 숯불에 타는
고통이라니　　하나라 걸왕은 미녀 말희에게 빠져 주지육림
(酒池肉林) 속에 나쁜 정치를 일삼다가 상나라 탕왕에게 망했다. 탕
왕은 상을 세운 후 무력 혁명으로 왕위를 얻은 것을 부끄럽게 생각했
는데, 이에 왕을 모시고 있던 중훼가 말했다. "하나라는 덕이 부족해
백성들이 도탄에 빠졌으므로 하늘이 곧 왕에게 용기와 지혜를 주시
어 만방에 올바름을 나타내게 하신 것. 그 떳떳함을 따르시고 하늘이
시키는 바를 따르셔야 하나이다."

도탄지고란 진흙 수렁에 빠지고 숯불에 타는 듯한 고통이란 뜻으
로, 학정에 시달리는 백성들의 어려움을 가리키는 말인데, 이는 과거
에 정권교체를 시도하는 쪽에서 천명사상을 내세워 정권을 무너뜨
리려 할 때마다 자주 쓰던 말이다. '도탄에 빠지다'라고 해서 백성들
의 생활이 어렵다는 의미로도 많이 쓰인다.

세상을 어지럽히고 백성을 속이는 혹세무민(惑世誣民)하는 자들
이 활개 치는 나라는 도탄에 빠지기 쉬운 것.

도청도설 　　　　　　　　道聽塗說 🅑

바로 듣고 바로 퍼뜨리는
경박함　공자님 말씀이 "길에서 듣고 길에서 말해버리면 그것
은 덕을 버리는 것"이라 했다. 옛사람들의 훌륭한 가르침과 높은 덕
을 아무리 많이 듣고 배웠다 할지라도 온전히 자기 것으로 소화시키
고 실천하지 못한다면 아무 소용 없다는 뜻이다. 아무리 많은 지식
을 갖춰도 인격이 우선되지 않으면 그 지식은 오히려 자신에게 해가
될 수도 있다는 것.

　도청도설은 길에서 들은 일을 길에서 이야기한다는 뜻으로, 무슨
말을 들으면 그것을 깊이 생각지 않고 다시 옮기는 경박한 태도를 이
르는 말이다. 또는 천박한 사람은 좋은 말을 들어도 그것을 깊이 자
기의 것으로 간직하지 못함을 나타낸다.

　'길거리 말'을 포함한 성어로 가담항설(街談巷說)이라는 것도 있는
데, 이는 거리의 뜬소문이라는 뜻의 '가담'과 항간에 떠도는 말이라
는 뜻을 지닌 '항설'을 반복해 강조한 말로 길거리나 일반 민중들 사
이에 근거 없이 떠도는 소문을 가리킨다. 지금은 가담항설을 생각 없
이 도청도설했다가는 범죄행위가 되기도 하는 세상이다.

삼인성호   三人成虎

여럿이 하는 거짓말은 참말?

전국시대 위나라 방공이 태자와 함께 조나라에 볼모로 가기 전 왕을 찾아가 말했다. "지금 어떤 사람이 시장에 호랑이가 나타났다고 한다면 믿으시겠습니까?" "믿지 못하겠소. 시장에 어찌 호랑이가 나타난단 말이오?" "그럼 두 사람이 찾아와 그렇다고 하면 믿으시겠습니까?" 왕은 여전히 고개를 저었다. "그럼 세 사람이 찾아와 말하면 믿으시겠습니까?" 이때 왕의 대답인즉 "그렇다면 믿을 것 같소." 이에 방공이 말하길 "시장에 호랑이가 나타날 수 없다는 것은 모두 아는 사실이지만 이 또한 세 사람이 말한다면 믿게 됩니다. 제가 조나라에 가면 저를 모함하는 사람이 많을 것입니다. 그러니 임금께서는 이를 살펴주십시오." 그리고 방공은 태자와 함께 조나라로 떠났는데 곧바로 많은 신하들이 방공을 모함하기 시작했다. 그러자 결국 왕은 방공을 의심했고 이로써 방공은 위나라로 돌아오지 못했다는 이야기.

삼인성호란 세 사람이면 없던 호랑이도 만든다는 뜻으로, 거짓말이라도 여러 사람이 말하면 참말로 믿기 쉽다는 것.

타산지석　　　　　　　　　他山之石

세상 모든 것이
나의 스승

'다른 산의 돌' 이라는 타산지석은 다른 산에서 나는 보잘것없는 돌이라도 자기의 옥(玉)을 가는 데 소용이 된다는 뜻으로 《시경》에 나오는 시의 한 구절이다. "즐거운 저 동산에는 박달나무 심겨 있고 그 밑에는 닥나무 있네 / 다른 산의 돌이라도 이로써 옥을 갈 수 있네." 여기서는 돌을 소인에 비유하고 옥을 군자에 비유해 군자도 소인에 의해 수양과 학덕을 쌓아 나갈 수 있음을 이르는 말. 타산지석이 나와 직접 관계가 없는 모든 일들도 나의 인격을 도야하는 데 도움이 된다는 뜻인 데 비해 반면교사(反面教師)는 다른 사람이나 사물의 부정적인 측면에서 가르침을 얻는다는 뜻. 타산지석이 막연한 스승인 데 비해 반면교사는 구체적이고 분명한 사실을 표현한다. 예를 들어 불효막심한 형제를 보면서 나는 결코 형처럼 부모 가슴에 못 박는 짓은 하지 말아야지 결심한다면 그것이 반면교사. 타산지석은 어떤 일을 대하든 그것을 참고해 내 인격수양에 도움을 얻는다는 뜻이다.

형처럼
놀기만 하면
내 미래는 없는거야~
열공!

맥수지탄　麥秀之嘆

망한 나라에
망연자실하다
보리 이삭을 보고 탄식한다는 뜻의 맥수지
탄은 조국이 멸망한 것을 한탄한다는 말.

고대 중국 은나라 주왕은 폭정으로 악명을 떨친 인물. 당시 그의 신하 가운데 훌륭한 사람이 세 명 있었는데, 공자는 이들 세 사람의 충신에 대해 이렇게 적고 있다. "미자는 떠나고, 기자는 종이 되고, 비간은 간하다가 죽었노라."

기자는 자신의 충언이 먹혀들지 않자 목숨이나 부지하려고 머리를 풀어헤치고 남의 집 종이 되어 숨어살았는데, 은나라가 망하고 주나라가 세상을 통일한 뒤 어느 날 옛 은나라의 도읍을 지나가게 되자, 초토화되어 보리와 잡초만 무성한 그곳을 보고 회한에 젖어 이렇게 시를 읊었다.

"옛 궁궐터에는 보리만이 무성하고 벼와 기장도 기름졌구나. 도성이 이 꼴로 변한 것은 그놈이 내 말을 듣지 않았기 때문이지."

권력이란 무상한 것. 하지만 그렇기에 더욱 소중히 사용되어야 하는 것.

119

노마지지　老馬之智

하찮아도 위대한
늙은 말의 지혜

'늙은 말의 지혜'라는 뜻의 노마지지는 아무리 하찮은 것일지라도 저마다 장기나 장점을 지니고 있음을 이르는 말.

제나라 환공 때의 일, 어느 해 봄 환공은 관중과 습붕을 대동하고 고죽국을 정벌했는데 전쟁이 길어지는 바람에 그해 겨울 혹한 속에 지름길을 찾아 귀국하다 길을 잃었다. 이때 관중이 말했다. "이런 때 늙은 말의 지혜가 필요하다." 즉시 경험 많은 늙은 말 한 마리를 풀어 놓고 그 뒤를 따르자 이내 길을 찾게 되었다. 또 한 번은 산길을 행군하다 식수가 떨어져 전군이 갈증에 시달리자 이번에는 습붕이 말했다. "개미란 원래 여름엔 산 북쪽에 집을 짓지만 겨울엔 산 남쪽 양지바른 곳에 집을 짓고 산다. 흙이 한 치쯤 쌓인 개미집이 있으면 그 땅속 일곱 자쯤 되는 곳에 물이 있는 법." 군사들이 산을 뒤져 개미집을 찾은 다음 그곳을 파 내려가자 과연 샘물이 솟아났다.

'경험을 쌓은 사람이 갖춘 지혜'란 뜻으로 사용되는 노마지지. 말이든 개미든, 상대가 누구든 배울 점은 배워야 한다.

가슴에 사무쳐
결심을 일으키다

백절불요

결정해야 할 때 결정하고 결심이 필요할 때
결심할 줄 아는 것. 이것이 '의지'로써
성공하는 인물의 가장 큰 특징이다.

소신공양

천재일우

일본 전국시대를 주름잡았던 무장 오다 노부나가. 그는 매일 새벽 가장 빠른 말을 타고 달리는 것으로 하루를 시작했다고 한다. 늘 자신이 정한 곳까지 말을 타고 달리면서 가는 길에는 그날의 전략을 짜고 돌아오는 길에는 필요한 결단을 내렸다고 하는데, 그 결과 오다 노부나가는 결단력 있는 리더로 유명하다. 그의 과감한 결단력을 생생히 증언하는 일화가 있다.

일본 전국시대 3걸로는 오다 노부나가와 도요토미 히데요시, 그리고 도쿠가와 이에야스를 드는데 누군가 이들 3걸에게 각각 물었다. "울지 않는 두견새를 어떻게 할 것인가?" 이에 도쿠가와 이에야스가 먼저 말했다. "울 때까지 기다리겠다." 그리고 도요토미 히데요시 왈 "어떻게든 울도록 만들겠다." 그렇다면 오다 노부나가는 무어라 말했을까? 울지 않는 두견새는 소용없으므로 "죽여버리겠다"고 말했다는데.

결정해야 할 때 결정하고 결심이 필요할 때 결심할 줄 아는 것. 이것이 '의지'로써 성공하는 인물의 가장 큰 특징인 것은 분명하다.

'나'를 바쳐 '큰 뜻'을 이루다

공자가 말했다. "뜻있는 선비와 어진 사람은 삶을 구해 인을 해치는 일이 없고 몸을 죽여 인을 이룬다."

큰 인물은 자기 목숨 하나 구하고자 정의를 희생하지 않고, 오히려 자기 목숨을 버리면서까지 옳은 도리를 행하려고 노력한다는 말씀.

살신성인의 대표적 인물이 바로 전 세계 제국주의자들에게 경종을 울린 독립투사 안중근. 침략자 이토 히로부미의 가슴에 총탄을 발사하고 "일제에 목숨을 구걸하지 말고 죽으라"는 어머니의 당부를 따라 공소도 포기한 채 뤼순감옥에서 사형당한 안중근 의사는 그야말로 자신의 몸을 희생함으로써 세상을 향해 '정의'를 부르짖은 열사였던 것.

"내가 (…) 그 목적을 달성하지 못하고 이곳에서 죽노니, 우리들 2천만 형제자매는 각각 스스로 분발해 학문을 힘쓰고 실업을 진흥하며, 나의 끼친 뜻을 이어 자유 독립을 회복하면 죽는 여한이 없겠노라." 이것은 순국 직전 동포들에게 남긴 그의 마지막 유언. 그의 끼친 뜻은 과연 오늘날 살아 있는 걸까?

결초보은　　　　　　　　結草報恩

감사할 줄 아는 인간이 돼라 감사하는 마음, 한번 은혜를 입으면 결코 잊지 않고 갚고자 하는 마음을 전하는 것이 결초보은. 춘추시대 진(晉)나라의 위무자는 병이 들자 아들 위과에게 유언하기를 자기가 죽으면 자신의 애첩을 개가시키라고 했다. 그러나 임종할 무렵이 되자 위무자는 애첩을 자살시키도록 해 죽으면 자신과 같이 묻어달라고 유언을 번복했다. 그러나 위무자가 죽은 뒤 위과는 서모를 개가시켜 죽음을 면하게 했으니, 정신이 혼미했을 때의 유언은 소용이 없다고 판단한 것이다. 그 후 위과는 전쟁에 나갔고 진(秦)의 두회와 싸우다 쫓기게 되었는데 어떤 노인이 풀을 묶어 두회가 탄 말을 넘어지게 하는 바람에 그를 사로잡아 전공을 세웠다. 그날 밤 위과의 꿈에 풀을 묶던 노인이 나타나 공손히 절하며 이렇게 말하는 것이 아닌가? "나는 당신이 개가시킨 여인의 아비 되는 사람이오. 당신이 딸의 목숨을 구해주어 내가 오늘 풀을 묶어 은혜를 갚은 것이라오."

이렇듯 풀잎을 엮어 은혜를 갚았다 해서 결초보은인 것. 각골난망(刻骨難忘)도 뜻이 같다.

비분강개　　　悲憤慷慨　📖

의롭지 못한 세상일에 마음이 북받침 슬프고 분한 '비분'과 불의나 불법을 보고 의기가 북받쳐 원통하고 슬픈 마음을 일컫는 '강개'가 합쳐진 말이 비분강개. 즉 의롭지 못한 일이나 잘못돼가는 세태가 슬프고 분해 마음이 북받침을 강조한 표현이다.

이 말은 국가의 운명이 풍전등화에 처하거나 세상 풍속이 몹시 어지러울 때 우국지사나 충신들이 개탄하며 많이 쓰는 말로, 개인적인 원한이나 슬픔 때문에 생기는 원통함을 표현할 때는 거의 쓰지 않는다. 즉 비분강개란 '정의의 사도'들에게 자연스럽게 일어나는 마음의 움직임인 것. 이와는 다르게 스스로 마음을 일으켜 분한 마음을 품는 작위적인 표현으로는, 분하고 원통한 마음을 품는다는 뜻의 함분축원(含憤蓄怨), 몹시 분해 이를 갈며 속을 썩인다는 뜻의 절치부심(切齒腐心)이 있다.

그러니까 엉망진창인 세상사에 비분강개한 마음이 정의를 바로 세우고자 절치부심해 나랏일에 뛰어들게도 만드는 것이다.

백 번 꺾일지언정 휘어지지 않는다

한나라의 교현은 청렴하고 강직하기가 대단했던 인물로 불의가 바로잡히지 않는 것에 화가 나 사직하고는 황제 벼슬도 마다했다. 어느 날 교현의 어린 아들이 강도들에게 붙잡혀 가자 장수 양구가 즉시 관병을 데리고 구출하러 갔다. 그러나 관병은 강도들에게 접근하고서도 교현의 아들이 다칠까봐 더 이상 손을 쓰지 못했다. 이 사실을 안 교현은 어찌 내 아들 하나를 위해 법을 무시하는 그들을 놓아준다는 말인가 하고 몹시 화를 내면서 빨리 강도들을 잡으라고 관병을 다그쳤다. 결국 강도들은 모두 붙잡혔으나 교현의 어린 아들은 강도들에게 죽임을 당했다.

사람들은 이처럼 공익을 위해 사익을 버리고 악에 대항하는 교현을 존경했으며, 후한의 명문가 채옹은 그를 기려 비문을 지었다. "백 번 꺾일지언정 휘어지지 않았고, 큰 절개는 그 무엇에도 뒤지지 않았다네." 여기서 유래한 백절불요는 어떠한 어려움에도 좌절하지 않는 불굴의 정신을 뜻하게 되었다. 백절불굴(百折不屈)도 같은 뜻.

소신공양 　　　　　　燒身供養 ⟳

**몸을 불살라
부처를 찬탄하다** 　소신공양은 부처에게 공양하기 위해
자신의 몸을 불사르는 것. 등신불(等身佛)과는 개념이 다르다. 불교
역사상 많은 고승들이 이 공양을 했는데, 이유는 무엇일까? 물론 그
것이 부처 즉 여래께 드리는 참된 공양이라는 믿음 때문이다. 이 믿
음은 《법화경》이라는 경전에서 유래한다.

　하지만 법화경은 대승불교 경전으로 부처님의 직설(直說)이라기
보다는 후대 편찬자의 세속적 열망이 들어가 있는 것으로 보아야 한
다. 사실상 소신공양은 다른 종교에서 자주 보이는 희생제를 연상시
키기도 한다. 그런데 초기경전에서 이미 부처님은 생명을 죽여 희생
을 바치는 것을 강하게 금지하고 있는데 어찌 몸을 불태워 바치라 하
셨을까? 그리고 설사 경전에 그렇게 쓰여 있다 하
더라도 그것은 하나의 절대적 희생이란 상징으
로 받아들여야 할 테지 실제로 몸에 불을 붙이
라는 것은 아닐 터인데.

　불교의 지혜는 상식을 벗어나지 않는 것이다.

삼고초려   三顧草廬 🐰

인재를 얻기 위한
부단한 노력

후한 말엽, 유비는 관우, 장비와 의형제를 맺고 군사를 일으켰으나 계책을 세워 전군을 통솔할 군사(軍師)가 없어 늘 조조군에게 고전을 면치 못했다. 어느 날 유비가 은사인 사마 휘에게 군사를 천거해달라고 하자 그는 넌지시 제갈량을 말했다. 유비는 즉시 수레에 예물을 싣고 양양 땅에 있는 제갈량의 초가집을 찾아갔으나 제갈량은 집에 없었다. 며칠 후 또 찾아갔으나 역시 없었다. 그까짓 제갈공명이 뭔데 하며 다시 찾아오지 말자고 불평하는 관우와 장비의 만류를 물리치고 유비는 세 번째 방문길에 나섰다. 그 열의에 감동한 제갈량은 마침내 유비의 군사가 되어 적벽대전에서 조조의 100만 대군을 격파하는 등 많은 전공을 세웠다.

'초가집을 세 번 찾아간다'는 뜻의 삼고초려는 이렇듯 유비가 제갈공명을 세 번이나 찾아가 군사로 초빙한 데서 나온 말. 높은 사람이 인재를 얻기 위해 거듭 겸손하게 초청한다는 이 말은 오늘날에도 모든 분야에서 통하는 말. 귀하신 몸은 늘 삼고초려 대상인 것.

좀처럼 만날 수 없는
특별한 기회

동진의 학자로서 동양태수를 역임한 원굉은 〈삼국 명신서찬〉이란 것을 남겼는데, 이것은 《삼국지》에 실려 있는 건국 명신 20명의 업적을 기린 글이다. 이 중 위나라의 순문약을 찬양한 글에서 원굉은 "대저 명마를 가릴 줄 아는 전문가 백락을 만나지 못하면 천 년이 지나도 천리마 한 필 찾아내지 못한다"고 적고 현군과 명신의 만남이 결코 쉽지 않다는 것을 비유적으로 이렇게 쓰고 있다.

"대저 만 년에 한 번의 기회가 온다는 것이 세상의 법칙 / 그러니 어진 군주와 지혜로운 신하가 만나는 것은 / 천 년에 한 번 이루어져도 다행 / 그렇게 만나면 기뻐하지 않을 수 없고 / 그런 만남이 끝나면 슬퍼하지 않을 수 없다."

천 년에 한 번 만나는 기회라는 뜻의 천재일우는 보통 '천재일우의 기회'라는 말로 쓰인다. 엄청난 기회이니 허투루 보낼 수 없는 것. 비슷한 말로 천우신조(天佑神助)라고 하면 생각지 않게 우연히 도움을 받는 것. 천우신조로 천재일우의 기회를 얻는 것일까?

129

좌고우면 | 左顧右眄 B

좌우 눈치를 보며 결단을 망설이다

'왼쪽을 돌아보고 오른쪽을 곁눈질하다'는 뜻의 좌고우면. 이는 어떤 일에 앞뒤를 재고 결단하기를 망설이는 태도를 비유하는 말로, 중국 위나라의 조식이 오질에게 보낸 편지에서 유래했다.

"술잔에 가득한 술은 앞에서 넘실거리고 퉁소와 피리 등은 뒤에서 연주합니다. 그대는 마치 독수리처럼 몸을 일으켜 봉황이 살피고 호랑이가 보듯이 합니다. 그와 같은 모습은 유방의 명신인 소하나 조삼도 미치지 못하고 흉노를 무찌른 곽거병이나 위청도 따르지 못하는 것입니다. 그대의 좌우를 살펴보는 모습은 마치 앞에 사람이 없는 듯하니 이 어찌 군자의 장한 뜻이 아니겠습니까?"

조식은 이 글에서 오질을 고금을 통틀어 견줄 만한 사람이 없는 인물이라 극찬했던 것. 이처럼 좌고우면은 원래 좌우를 살펴보며 자신만만한 모습을 형용하는 말이었는데, 나중에 이리저리 살피는 모습 또는 어떤 일에 대한 고려가 지나쳐 결단을 내리지 못하고 망설이는 태도를 비아냥대는 말로 변한 것이다.

11

사랑했으므로
행복하노니

거안제미

누군가에게 기억되는 한 우리는 죽지 않고
살아 있는 것.
좋은 인생이란 좋은 기억을 남기는 것이다.

전전반측

금슬상화

아프리카 토속어에 '사사(sasa)'와 '자마니(zamani)'라는 말이 있다고 한다. 스와힐리족 사람들의 독특한 시간관념을 표현하는 말이라는데. 누군가 죽더라도 그를 기억해주는 사람이 있으면 그는 '사샤'의 세계에 여전히 살아 있는 것으로 간주되며, 그를 기억하는 사람들이 모두 죽어 더 이상 기억해주는 사람이 없으면 그때 비로소 영원한 침묵의 시간 '자마니'의 시간으로 들어간다는 것. 그러니까 누군가에게 기억되는 한 우리는 죽지 않고 살아 있는 것이다.

나의 기억으로 내 머릿속 '사샤'의 시간에서 살아 있는 사람은 무수히 많다. 그 중에서도 '사랑'이라는 이름으로 행복한 추억이 된 사람들. 떠올리는 것만으로도 가슴이 따뜻해지는 그들은 나의 삶과 함께 언제나 살아 있다.

나도 누군가에게 좋은 기억으로 남아 그의 사사의 시간에서 오래오래 살아남으면 좋지 않을까?

좋은 인생이란 좋은 기억을 남기는 것이다.

거안제미 　　　　　　　　　擧案齊眉 🔖

**남편을 섬기는
아내의 정성이라니** 가난하지만 절개가 곧은 학자 양홍은 같은 마을에 뚱뚱하고 못생긴 맹광이라는 처녀가 양홍이 아니면 누구에게도 시집가지 않겠다고 버틴다는 소문을 듣고 이 처녀와 결혼한다. 그런데 며칠이 지나도 잠자리를 같이하지 않아 색시가 궁금해하자 양홍은 이렇게 대꾸했다. "나는 누더기 차림에 나와 함께 산에 들어가 살 여자를 원했는데 당신은 지금 비단옷에 화장까지 하고 있지 않소." 이에 맹광은 무명옷으로 갈아입고 남편 따라 산에 들어가 베를 짜면서 살았다. 양홍은 농사짓는 틈틈이 시를 지어 친구들에게 보냈는데 왕실을 비방하는 시가 발각되어 오나라로 건너가 고백통이라는 부잣집 방앗간지기가 되었다. 그러나 양홍이 일을 마치고 돌아오면 아내는 '밥상을 눈썹 위까지 들어올려' 남편에게 공손하게 바쳤다고 한다. 고백통은 양홍 내외를 보통으로 보지 않고 그들을 도와 양홍은 수십 편의 책을 저술할 수 있었단다.

　밥상을 눈썹 높이로 들어 공손히 남편 앞에 가져간다는 뜻의 거안제미, 지금은 거의 볼 수 없는 풍경이다.

동병상련 同病相憐

슬픔을 나누는 마음의 소통 기쁨은 나눌수록 배가 되고 슬픔은 나눌수록 줄어든다고 하지 않나. 같은 병 또는 같은 처지에서 괴로워하는 사람끼리 서로 고통을 헤아리고 동정하는 마음을 뜻하는 동병상련은 인간 존재의 따뜻함을 느끼게 하는 표현이다.

전국시대 오나라의 오자서는 초나라에서 한을 품고 망명 온 인물로 역시 자신과 마찬가지로 초나라에서 피신 온 백비라는 인물을 대부에 오르게 한다. 그러자 피리라는 또 다른 대부가 말한다. "백비는 매의 눈에 호랑이 걸음을 하는 걸로 보아 사람을 해칠 상인데, 어찌하여 그런 사람을 천거하셨소?" "특별한 이유는 없소이다만 '같은 병을 앓는 사람끼리 서로 불쌍히 여기고 같은 근심을 하는 사람끼리 서로 구해준다'는 말이 있듯 나와 처지가 비슷한 백비를 돕는 것은 인지상정 아니겠소?" 오자서는 이처럼 백비를 도와주었건만 나중에 백비의 모함에 빠져 억울하게 죽고 만다. 이 이야기가 던지는 교훈은 '동병상련'에 있는 것은 아니고 지혜로운 삶에는 '보다 냉철한 판단'이 필요함을 인식시키는 데 있는 것.

| 일일여삼추 | 一日如三秋 | |

하루가 삼년 같은
간절한 기다림

일일여삼추란 하루가 세 번의 가을과 같다는 뜻. 몹시 애태우며 기다림을 비유한 말. 이는 《시경》의 〈채갈(采葛)〉이란 시에 나오는 표현으로, 남편이 나라 일로 멀리 타국에 가 돌아오지 않는지라 그 부인이 행여 오늘에나 오실까 하는 마음에 매일 바구니를 들고 나가 칡과 쑥과 약쑥을 캐면서 부른 노래다.

"저 칡을 캐어 하루를 보지 않으면 석 달이나 지난 듯 / 저 쑥을 캐어 하루를 보지 않으면 가을이 세 번 지난 듯 / 저 약쑥을 캐어 하루를 보지 않으면 삼 년이나 지난 듯."

남편에 대한 정이 사무치는 그리움으로 변해 하루를 만나지 않은 것이 3년을 만나지 않은 것 같다는 뜻. '일일여삼추'란 실로 짧은 시간이 오랜 세월로 느껴진다는 말이다. 여기서 일일을 일각(一刻)으로 바꾸어 '일각이 여삼추'란 말도 많이 쓰이는데, 일각은 15분을 말하는 것, 15분이 3년 같다니 더욱 심한 그리움인가?

아무튼 시간이란 때에 따라 '일일여삼추' 일 수도 있고 하루가 10년처럼 길 수도 있는 것. 그만큼 상대적인 개념이다.

금슬상화　　　　　琴瑟相和

**거문고와 비파처럼
정다운 부부지간**　"아내와 자식이 사이좋게 지내는 것
은 거문고와 비파를 함께 연주하는 것만 같고 / 형제가 모두 모여 있
으니 화락하고 또한 즐겁구나."

《시경》에 나오는 이 시는 형제들이 모여 잔치를 벌일 때의 즐거움
을 노래한 것.

거문고와 비파 소리가 서로 잘 화합한다는 뜻의 금슬상화는 거문
고와 비파를 탈 때 음률이 화합하듯이 부부의 정이 좋아 서로 화합하
는 부부관계를 비유하는 말이다. 금슬지락(琴瑟之樂)도 같은 뜻. 흔
히 사이좋은 부부관계를 금슬이 좋다고 하는데, 여기서 금슬이 바로
거문고와 비파인 것.

화목한 가정이란 지상의 천국이란 말도 있듯, 백년을 두고 하는 아
름다운 언약, 즉 백년가약(百年佳約)을 하고 부부가 되어 검은 머리
파뿌리가 될 때까지 금슬 좋게 산다면 '이보다 더 좋을 수 없는' 부
부관계이겠지만 현실은 그렇지 않은 경우가 더 많은 듯. '금슬' 또한
함께 연주하는 공연자들처럼 정성껏 노력해야 얻을 수 있는 것이다.

전전반측　輾轉反側

근심 걱정에 잠을 이룰 수 없네

전전반측은 수레바퀴가 한없이 돌며 옆으로 뒤척인다는 뜻으로, 생각과 고민이 많아 잠을 이루지 못하거나 잠을 이루지 못해 뒤척임을 되풀이하는 것을 형용한 말이다. 《시경》에 나오는 시 〈관저〉에 등장하는 표현이다.

"(…) 들쭉날쭉한 마름풀을 이리저리 헤치면서 / 요조숙녀를 자나 깨나 찾는구나 / 구하여도 얻지 못하니 자나 깨나 생각하는구나 / 생각하고 또 생각하여 이리저리 뒤척이는구나."

남녀 간의 사랑을 아름답게 노래하고 있는 이 시에 대해 공자는 "화락하되 음란하지 않고, 슬퍼하되 정도를 넘지 않는다"고 평했다. 이 시에서 유래해 전전반측과 함께 '자나 깨나 잊지 못하다'라는 뜻의 오매불망(寤寐不忘)은 원래는 사랑하는 사람을 그리워하여 잠 못 들고 뒤척이는 경우를 비유하는 말이다. 서로 그리워하여 잊지 못함을 뜻하는 상사불망(相思不忘)의 구체적 형태인 것. 그러던 것이 나중에는 근심이나 생각이 많아 잠 못 드는 것을 비유하는 말로도 쓰이게 되었다.

생사를 같이하자는
부부간 사랑의 맹세

함께 늙고, 한 무덤에 묻힌다는 뜻의 해로동혈. 부부라면 누구나 꿈꿀 텐데 《시경》에 실린 민요에서 유래한 이 말은 사실 부부의 비극이 담겨 있는 탄식의 단어였다.

"북소리 둥둥 울려 / 무기 들고 싸우러 나간다 / …죽으나 사나, 만나나 헤어지나 / 그대와 함께하자고 언약했지 / 그대의 손을 잡고 / 그대와 함께 늙겠노라고." 그러나 전쟁에 나서는 병사의 꿈은 말 그대로 꿈일 뿐. 시는 이렇게 이어진다. "아아, 헤어져 있어 / 함께 늙지 못하고 / 아아, 멀리 있어 / 우리의 언약 이룰 수 없네!"

가수 김광석이 부른 〈어느 60대 노부부의 이야기〉 가사를 보면 해로동혈하지 못해 가슴아파하는 애틋한 심정이 절절하다. "세월은 그렇게 흘러 여기까지 왔는데 / 인생은 그렇게 흘러 황혼에 기우는데 / 다시 못 올 그 먼 길을 어찌 혼자 가려 하오 / 여기 날 홀로 두고 여보 왜 한마디 말이 없소."

참된 사랑은 결코 늙지 않는다고 한다. 해로동혈을 꿈꾸는 일은 그것만으로도 아름다운 것.

남가일몽 南柯一夢

꿈도 사랑도 모두가 허망하여라　남가일몽은 '남쪽 나뭇가지 아래서 꾼 꿈'이란 뜻. 꿈과 같이 덧없는 인생을 말한다.

　당나라 덕종 때 광릉이란 곳에 살던 순우분이 어느 날 술에 취해 나무 밑에서 잠이 들었는데, 얼마 후 그는 괴안국 국왕의 사신 두 명을 따라 나무 구멍으로 들어가 국왕을 만났다. 그리고 그곳에서 남가군을 다스리며 부귀영화를 누리다 문득 잠이 깨어 보니 모두가 꿈이었다. 나무 밑동에는 과연 큰 구멍이 하나 있었고 파보니 개미들이 가득 모여 있었으며 커다란 개미 두 마리가 있었다. 그곳이 괴안국이며, 커다란 두 개미는 국왕 부처. 그리고 남쪽 가지 사십 척쯤 올라간 곳에 또 개미떼가 있었으니 그곳이 자신이 다스리던 남가군이었다. 그날 밤 비가 내렸고 다음 날 순우분이 나무 아래 개미구멍을 찾아보았으나 개미는 모두 사라졌다. 인생이란 이렇듯 덧없는 한바탕 꿈이었던 것. 순우분은 이 한 번의 꿈으로 인생무상을 깨닫고 조신하게 살았다는데.

　같은 뜻으로 일장춘몽(一場春夢), 한단지몽(邯鄲之夢)이 있다.

비열하고 엄정한
승부의 세계

12

양두구육

'나'의 가장 강한 라이벌은 바로
'나 자신'.
그 라이벌을 이겨야 완전한
승리자가 되는 것.

토사구팽

고성낙일

승부의 세계에서 나를 불태우는 투지의 힘은 어디에서 오는 것일까? 이때 라이벌의 존재를 말할 수 있겠다. 라이벌은 단순한 '적'과는 다른 것. 라이벌과의 경쟁심이 나를 긴장시킴으로써 '나'는 더욱 단단하고 강하게 단련되는 것이다.

그런데 지금 시대에는 라이벌의 의미도 사뭇 달라졌다. 예를 들어 나이키의 라이벌은 어디일까? 아디다스라고? 글쎄, 나이키의 진짜 라이벌은 닌텐도일 수 있다. 닌텐도 게임에 빠진 아이들은 더 이상 운동화를 신고 거리를 뛰어다니지 않기 때문이다. 닌텐도보다 반짝이는 창의력으로 아이들을 뛰어다니게 만들어야 나이키는 이길 수 있다.

그렇다면 현재 '나'의 가장 강력한 라이벌은 누구일까? 피겨 요정 김연아는 늘 일본의 아사다 마오와 라이벌 관계로 관심을 끌었는데, 정작 김연아 자신은 자신의 라이벌을 이렇게 말했다. '이 정도면 됐다고 스스로 안심시키는 나', '더 이상은 안 된다고 투덜대는 나'가 진짜 라이벌이라고. 결국 '나'의 가장 강한 라이벌은 바로 '나 자신'인 셈. 그 라이벌을 이겨야 완전한 승리자가 되는 것이다.

부화뇌동 　　　　附和雷同

자기 주관 없는
맹목적 추종
"다른 사람의 의견을 자신의 의견인 것처럼 생각하지 말고, 다른 사람의 의견에 동조하지 말라. 옛 성현들의 행동을 모범으로 삼고, 선왕의 가르침에 따라 행동해야 한다."

《예기》에 나오는 말이다. 또한 《논어》에서 공자가 말하기를 "군자는 화합하지만 부화뇌동하지 않고, 소인은 부화뇌동하지만 화합하지 않는다"고 했다. 군자는 의를 숭상하고 타인을 자신처럼 생각해 화합하지만, 소인은 이익을 따지는 사람이므로 이해관계가 맞는 사람끼리 행동하며 사람들과 화합하지 못한다는 뜻이다.

부화뇌동에서 '뇌동'이란 우레가 울리면 만물도 이에 따라 울린다는 뜻으로, 다른 사람의 말에 대해 옳고 그름을 판단하지도 않고 부화하는 것을 비유하는 말로, 부화는 이후 추가된 말. 비슷한 말로 경거망동(輕擧妄動)이 있다.

군중심리에 따라 움직이는 인간 심리에는 부화뇌동하기 쉬운 측면이 있는 것이 사실. 자기 생각이나 주장이 없으면 이렇게 휘둘리는 삶을 사는 것이다.

감탄고토　　　甘吞苦吐

기분 따라 휩쓸리는
마음의 변덕

감탄고토는 '달면 삼키고 쓰면 뱉는다'는 뜻. 자기 비위에 맞으면 좋아하고 맞지 않으면 싫어한다는 의미다. 사사로운 이익의 옳고 그름을 판단하지 않고 사리사욕을 꾀해 유리한 경우에는 함께하고 불리한 경우에는 배척하는 이기주의적 태도, 각박한 세태를 가리킨다.

나무의 예를 보자. 나무의 친구로는 바람, 새, 달이 있다. 바람은 매우 변덕스러운 수다쟁이로 믿지 못할 친구. 자기 마음 내킬 때만 찾아와선 알랑거리기도 하다가 난데없이 상처를 내놓고 달아나기도 한다. 새 또한 마음 내킬 때 찾아와 둥지를 틀었다가도 어느새 날아가버려 신뢰하기 힘든 친구. 하지만 달은 어떨까? 달은 때를 어기지 않고 찾아와 긴긴 밤을 같이 지내는 의리 있고 다정한 친구다.

나무는 이 모든 것을 잘 가릴 줄 안다. 그러나 좋은 친구라 해서 달만을 반기거나 믿지 못할 친구라 해서 새와 바람을 물리치는 일이 없다. 감탄고토라, 이해관계에 따라 이로우면 붙기도 했다가 이롭지 않으면 돌아서기도 하는, 서로 믿음이 없는 행위를 하지 않는다.

구밀복검　　　口蜜腹劍

입에는 꿀,
배에는 칼? 입 속에는 꿀을 담고 뱃속에는 칼을 지녔다는 뜻
으로, 말로는 친한 체하지만 속으로는 은근히 해칠 생각을 품고 있음
을 비유해 이르는 말이 구밀복검.

　당나라 현종은 치세 초기에는 현군으로 추앙받았으나 황후가 죽은
뒤에는 양귀비에게 빠져 사치와 방탕을 일삼은 채 나라 일은 모두 간
신 이임보에게 맡겼다. 이임보는 태자 이하 그 유명한 무장 안록산까
지 두려워했던 전형적인 궁중 정치가로서 뇌물로 환관과 후궁들의
환심을 사는 한편 현종에게 아첨해 마침내 재상이 된 인물. 만약 바른
말을 하는 충신이나 자신의 권위에 위협적인 신하가 나타나면 가차
없이 제거했는데, 그가 정적을 제거할 때는 먼저 상대방을 한껏 추어
올린 다음 뒤통수를 치는 표리부동(表裏不同)한 수법을 썼기 때문에
특히 벼슬아치들은 모두 이임보를 두려워하며 이렇게 말했다. "이임
보는 입으로 꿀 같은 말을 하지만 뱃속에는 무서운 칼이 들어 있다."

　죽고 나서야 죄상이 밝혀진 이임보는 부관참시에 처해졌다.

145

양두구육	羊頭狗肉

겉은 그럴듯하나 속은 형편없음

선전은 버젓하지만 내실이 따르지 못함을 비유하는 말이 양두구육. 원래 양의 머리를 걸어놓고 개고기를 판다는 뜻으로, 좋은 물건을 간판으로 내세우고 나쁜 물건을 팔거나, 표면으로는 그럴 듯한 대의명분을 내걸었으나 이면에는 좋지 않은 본심이 들어 있음을 일컫는다.

춘추시대 제나라 영공은 마음에 드는 궁중 여인에게 남자옷을 입혀놓고 즐기는 괴벽이 있었다. 이 습성은 곧 일반 민간에도 퍼져 남장 여인이 나라 안 도처에 퍼져나갔다. 이 소문을 듣고 영공은 궁중 밖에서 여자들이 남장하는 것을 왕명으로 금지시켰는데 이 법령은 시행이 잘 안 되었다. 그 까닭을 묻는 왕에게 수상 안영은 이렇게 말했다.

"궁중 안에서는 남장 여인을 허용하면서 궁 밖에서는 금하시는 것은 마치 양의 머리를 문에 걸어놓고 안에서는 개고기를 파는 것과 같습니다. 궁중 안에서 먼저 남장을 금한다면 밖에서도 이를 따를 것이옵니다." 영공이 안영의 말을 듣자 한 달이 못 되어 온 나라 안에 남장 여인은 없어졌다고 한다.

토사구팽　　　　兎死狗烹

**교활 음흉한
인간의 이중성**　　교활한 토끼를 잡고 나면 충실했던 사냥
개도 더 이상 쓸모가 없어지므로 잡아먹어버린다는 뜻의 토사구팽.
이는 한마디로 은혜를 원수로 갚는 것.

　　중국을 통일한 유방은 일등공신 한신에게 한 자리 주긴 했지만 그
의 세력이 언젠가는 자신에게 도전하지 않을까 심히 염려스러웠고
이에 꾀를 내어 한신을 반역죄로 몰아붙인다. 사실상 유방이 천하를
통일하는 일을 적극 돕지 않았다면 자신도 그 천하의 삼분의 일 정
도를 가지고 나라를 세울 수도 있었던 한신은 그 얼마나 억울했겠는
가. 유방의 의심을 해결하고 자신의 결백을 주장하려 친구 종리매까
지 죽이는 충성을 보였는데 말이다.

　　기가 막히고 억장이 무너진 한신은 그제야 토사구팽당한 자신의
처지를 한탄한다. "흑, 과연 사람들 말이 맞구나. 천하가
평정되고 나니 나도 사냥개처럼 삶아지는구나."

　　야박한 세태를 풍자하는 토사구팽, 이는 실로 군
자가 할 일은 아닌 것이다.

영리한 처신으로
자신을 보전하다

은나라 왕 무정은 열(說)이라는 현자를 발탁해 보좌를 받으면서 선정을 펴 만백성의 칭송을 받았다. 이에 군신들이 일제히 이를 칭송했다. "천하의 사리를 꿰뚫어 아는 것을 명철이라 하는데, 명철한 사람은 참된 사회규범을 정할 수 있습니다."

또한 주나라 때의 명재상 중산보가 선왕의 명을 받고 제나라로 성을 쌓으러 갈 때 사람들은 그를 이렇게 칭찬했다. "중산보는 이치에 밝고 능숙하니까 자기 몸을 무사히 보전할 것이다."

명철이란 '천하의 사리에 통하고 누구보다도 앞서 깨닫는 사람'을 말하며, 보신이란 나오고 물러남에 있어 이치에 어긋남이 없음을 뜻한다. 합하여 명철보신이라 함은 이치에 밝고 분별력이 있어 적절한 행동으로 자신을 잘 보전한다는 뜻. 그런데 지금은 명철과 보신을 떼어놓고 말해 처세에 능한 사람을 보신한다고도 하는데, 진정한 보신은 세상 이치를 꿰뚫어 아는 '지혜' 없이는 불가능한 것. 지혜 없이 단순히 처세에만 능하다면 그 보신은 오래갈 수 없는 법.

칠종칠금 　七縱七擒 🐰

상대를 마음대로 요리하다

칠종칠금이란 《삼국지》에 나오는 제갈량의 능력. 촉한의 1대 황제 유비가 죽고 제갈량은 유선을 보필하게 되었는데, 그때 각지에서 반란이 일어나자 제갈량은 적진에 유언비어를 퍼뜨려 이간책을 썼고 이에 반란군은 자중지란(自中之亂)을 일으켜 서로 살육을 일삼았다. 그 결과 마지막으로 등장한 반란군이 바로 맹획이라는 장수. 제갈량은 노강 깊숙이 들어가 그를 생포했지만 오랑캐로부터 절대적 신임을 받고 있는 그를 죽이는 것만이 능사는 아니라고 판단하고는 맹획을 풀어주었다. 고향에 돌아온 맹획은 전열을 재정비해 또다시 반란을 일으켰다. 제갈량은 자신의 지략을 이용해 맹획을 다시 사로잡았지만 또 풀어주었다. 이렇게 하기를 일곱 번, 마침내 맹획은 제갈량에게 마음속으로 복종하여 부하 되기를 자청했으니, 여기서 나온 말이 칠종칠금. 일곱 번 잡았다가 일곱 번 풀어준다는 뜻으로, 상대를 마음대로 다룸을 비유하거나 인내를 가지고 상대가 숙여 들어오기를 기다린다는 말이다. 마음을 정복하는 것이 가장 지혜로운 전술인 것.

고성낙일   孤城落日   ⚡

어느새 해는
서산으로 지고

'외로운 성에 지는 저녁 해'라는 뜻의 고성낙일. 쓸쓸한 어감을 풍기는 이 말은 삭막한 풍경을 바라보는 쓸쓸한 심정을 표현한 것. 이백, 두보와 어깨를 나란히 하는 시인 왕유의 시에 나오는 말이다.

"장군을 따라서 우현을 잡고자 / 모래땅에 말을 달려 거연으로 향하네 / 멀리서 짐작하노니 한나라 사신이 소관 밖에서 / 외로운 성에 지는 해의 언저리를 수심으로 바라볼 것을."

우현은 흉노족의 왕, 소관은 국경의 관문. 여기서는 어려움에 처한 친구의 안타까운 처지를 상상하며 쓸쓸한 풍경과 외로운 심정을 노래한 것인데, 보통 '고성낙일'이라 하면 멸망하는 그날을 초조히 기다리는 충신의 심정을 나타내기도 한다.

세력이 쇠퇴해 도와주는 사람이 없는 고립무원의 상태인 고성낙일. 고성낙일 신세란 예컨대 등산 가서 길을 잃고 헤매는데 날이 저물 때, 섬에 놀러 갔다가 홀로 떨어져 마지막 배를 놓쳤을 때 등을 일컫는 것.

지극히 위태로운,
너무도 안타까운

풍전등화

바로 지금이 위태롭고 안타까운
순간일지언정,
우리는 당장 내일의 희망을
바라보아야만 하는 것이다.
뛰어난 긍정으로.

오리무중

격화소양

《시크릿》이라는 책이 있다. 여기서 시크릿, 그 비밀은 바로 '끌어당김의 법칙'. 우리가 존재하는 시공간에는 일종의 에너지 같은 것이 있는데, 그 에너지는 서로 같은 기운을 끌어당긴다고 한다. 즉 내가 좋은 것을 생각하고 간절히 바라면 그것은 곧바로 내게로 끌어당겨져 실제로 내 손 안에 들어온다는 말씀. 반대로 늘 불행을 상상하고 안 좋은 일에 사로잡혀 있으면 그것은 반복적으로 안 좋은 상황을 실제로 만들어내 나를 끊임없는 곤궁에 빠뜨린다는 것.

'생각이 현실이 된다'는 말로 간단히 요약할 수 있는 시크릿은 사실 긍정의 힘을 주창하는 것에 지나지 않는다. 이 책을 통해 불가해한 무엇을 상상하기보다는 단지 '내 운명의 주인은 나'임을 생생히 가슴에 담는 데 도움 받으면 되는 것이다. 지금 이 순간 나의 말과 행동이 내일을 만드는 것임을 명심한다면, 한순간도 방심할 수 없는 것이 인생이다.

바로 지금이 위태롭고 안타까운 순간일지언정 그것은 어찌할 수 없는 과거로 존재하는 것. 우리는 당장 내일의 희망을 바라보아야만 하는 것이다. 뛰어난 긍정으로.

해결불능의 막막하고
답답한 상황

오리는 뒤뚱거리는 오리가 아니라 다섯 리 즉 2킬로미터 정도의 거리를 일컫는 말. 그러니까 사방 2킬로미터가 안개 속이라는 뜻의 오리무중은 무엇이 어디에 있는지 찾을 길이 막연하거나 도무지 일의 갈피를 잡을 수 없을 때 쓰는 말이다.

후한 때 학자 장해는 뛰어난 학식으로 유명했으나 세속적 욕망에 눈먼 세도가들과 섞이기 싫어 시골로 들어가 숨어 살았다. 그런데 장해는 학문만 잘한 것이 아니었다. 도술에도 능했으니 곧잘 5리에 걸쳐 안개를 만드는 것으로 유명했던 것. 당시 관서에 살던 배우라는 사람도 도술로 3리에 걸쳐 안개를 만들 수 있었는데, 5리 안개 소문을 듣고는 이를 전수받고자 장해를 찾아간다. 하지만 장해는 자신이 만든 5리 안개에 자취를 감추고 만나주지 않았는데, 일종의 연막작전이라고나 할까? 어떤 사실을 숨기기 위해 교묘하고 능청스러운 수단을 써 상대편이 갈피를 못 잡게 하는 것이 연막전술. 하여간 이리하여 '오리무중'이란 말이 생겼다고 한다.

사면초가 　　　　　　　四面楚歌

빠져나갈 수 없는
궁지에 몰리다

사면초가란 사방이 초나라 노랫소리라는 뜻. 이 말이 어떻게 아무에게도 도움받을 수 없는 외롭고 곤란한 상황을 가리키게 된 것일까?

초나라 항우의 군대가 한나라 유방군에 패해 해하 지역에서 포위되었을 때, 사방을 에워싼 한나라 군사 속에서 초나라 노랫소리가 들려오자 크게 놀라며 "한나라가 이미 초나라를 점령했단 말인가, 어찌 초나라 사람이 이토록 많은가." 하고 슬퍼했다 한다. 이것은 유방이 꾸며낸 심리작전인 것. 당연히 항우의 군사들은 사기가 땅에 떨어지고 항우는 패배하고 마는데, 사면초가라는 말은 여기서 유래되었다.

사면초가에 이어 심금을 울리는 고사 하나 더. 사면초가에 처한 항우는 그날 밤 패배를 예감하며 이별의 술잔치를 벌이는데, 비분강개하며 시 한 수를 짓는다. "추도 가려 하지 않으니 이를 어찌할거나. 우희야 너를 어찌할거나." 추는 항우의 애마이고 우희는 항우의 애첩. 이에 우희는 항우의 장검으로 자결한다. 항우가 자기 때문에 잘못 판단할까 두려웠던 것. 두 사람의 사랑 이야기가 바로 〈패왕별희〉다.

이보다 더
위태로울 수 없다

누란지위는 포개놓은 알처럼 위태로운 상태라는 뜻. 나라가 엄청난 위기에 처했을 때를 가리킨다. 내우외환의 혼란상태를 일컫는 말.

전국시대 위나라 사람 범저는 제나라에 사신으로 가는 수가의 수행원이 되어 따라갔는데, 책사로서 유능한 실력을 발휘해 제나라 관리들로부터 사신인 수가보다도 더 우대받았다. 이를 시샘한 수가는 귀국하자 재상에게 범저가 딴마음이 있어 제나라와 내통하고 있다고 모함했다. 모진 고문을 당하고 옥에 갇힌 범저는 책사답게 옥졸을 설득해 탈옥하고는 장록이라 개명해 진나라로 망명했다.

그의 망명을 도운 왕계는 진나라 왕에게 그를 이렇게 추천했다. "장록은 천하제일의 지략가입니다. 그는 진나라 상황을 '알을 쌓아놓은 것처럼 위태롭다'고 말하고 자기가 이 나라를 편안하게 만들 수 있다고 장담했습니다." 그리하여 장록은 등용되었고 매우 영민한 정책을 두루 펼쳐 진나라를 튼실하게 만들었다고 한다.

눈썹이 탈 정도로
급한 지경

눈썹에 불이 붙은 것과 같이 매우 위급함을 비유한 말이 초미지급. '수험생들 초미의 관심사는 대학진학'이라고 할 때 초미가 바로 '눈썹에 불이 붙은' 절박하고 숨가쁜 상황인 것.

금릉 장산에서 고승으로 추앙받던 불혜선사는 만년에 왕명을 받고 대상국 지혜선사라는 절에 주지승으로 임명되었다. 어명을 받은 후 그는 사문을 불러모아 물었다. "내가 왕명을 받들어 주지로 가는 것이 옳겠느냐, 아니면 이곳에 계속 머물러 불도에 정진함이 옳겠느냐?" 수도를 할 것인지 출세를 도모할 것인지를 묻는 것이었다. 그런데 아무도 대답하는 자가 없었다. 그러자 선사는 붓을 들어 게(偈)를 썼다. 그러고는 사르르 눈을 감더니 앉은 채 입적해 사문을 놀라게 했다는 일화가 있다.

이 고승이 살아 있을 때 한 사문이 물었다. "선사님, 이 세상에서 가장 다급한 경우란 어떤 경우를 말합니까?" "그것은 눈썹을 태우는 일이다." 원문대로 하면 화소미모(火燒眉毛)인데, 그 말이 소미지급(燒眉之急)이 되고, 그것이 다시 초미지급으로 변한 것이다.

풍전등화   風前燈火

**목숨이 달린
매우 위급한 상황** 풍전등화란 언제 꺼질지 모르는 '바람
앞의 등불' 처럼 사람의 운명이 매우 급박한 처지에 있음을 표현한 말.
나라의 운명이 풍전등화에 처하기도 하고, 곧 격렬한 부부싸움을 앞
둔 집안 분위기도 풍전등화일 수 있는 것. 이처럼 생사가 달린 매우
위급한 처지를 비유하는 사자성어는 풍전등화 외에도 많다. 사람살
이에서 위급한 상황이란 여러 형태로 늘 일어나는 일이기에.

'여리박빙(如履薄氷)'은 살얼음을 밟는 것처럼 아슬아슬한 형세를
뜻하는 말. 거의 죽게 되어 숨이 곧 넘어갈 지경을 일컫는 말은 '명재
경각(命在頃刻)'. 그리고 금방이라도 일이 크게 터질 듯한 아슬아슬
한 상태를 말하는 '일촉즉발(一觸卽發)', 이러기도 어렵고 저러기도
어려운 매우 난처한 처지를 일컫는 '진퇴양난(進退兩難)', '진퇴유곡
(進退維谷)', 눈앞에 닥친 위기를 뜻하는 '위기일발(危機一髮)', 몸도
목숨도 다 되어 살아날 길이 없게 된 막
다른 처지를 말하는 '절체절명(絶切絶
命)' 등도 모두 같은 뜻.

일패도지 一敗塗地

다시 일어설 수 없는
완전한 패배

일패도지란 한 번 싸움에 패해 피와 창자가
땅을 바를 정도가 된다는 뜻으로, 여지없이 패해 다시는 일어설 수
없음을 비유한 말.

진나라 시황이 죽고 진승이 반란을 일으켜 세력이 커지자 패현의
현령은 알아서 그에게 귀속하는 게 낫겠다 싶어 참모에게 이를 상의
했다. 그러자 참모들은 진나라의 가혹한 정치와 부역을 피해 산속으
로 들어간 유방의 도움을 받으면 그러지 않아도 된다고 했다. 이에 현
령은 번쾌에게 유방을 불러오게 했는데 실제 유방이 100명의 무리를
이끌고 오는 것을 보자 혹여 그들이 자신을 모반할까 두려워 성문을 걸
어 잠그고 참모를 죽이려 했다. 하지만 참모는 이미 유방에게 떠난 뒤.
그때 유방이 궐기문을 써서 화살에 매달아 성안으로 쏘았다. "제후들이
사방에서 일어나고 있는 이때 현령을 잘못 만나면 한번 패배해 피와
창자가 땅을 바르게 된다. 즉각 현령을 갈아치워라." 이 말을 듣고 성
안에 있던 유지들이 현령의 목을 베고 유방을 맞아들였고, 영민한 유
방은 그곳을 근거지로 나중에 한나라를 세웠던 것.

남부여대　　　男負女戴

이리저리 떠도는 가난한 신세　남부여대란 '남자는 등에, 여자는 머리에 짐을 인다'는 뜻. 가난한 사람이나 재난을 당한 사람들이 살 곳을 찾아 이리저리 떠돌아다님을 일컫는 말이다.

마땅히 살 만한 곳이 없어 온갖 고생을 무릅쓰고 이리저리 거처할 곳을 찾아 안쓰럽게 돌아다니는 모습을 등에 지고 머리에 인다는 비유를 들어 표현했는데, 실생활에서 잘 사용되는 말이라기보다 문학 작품에서 많이 구사되는 표현이다. 예컨대 "남부여대한 피난민의 행렬이 끝도 없이 이어졌다.""학정을 이기지 못한 백성들이 남부여대한 채 정든 고향을 떠나갔다." 등. 비슷하게 이리저리 떠도는 신세를 표현한 말로 풍찬노숙(風餐露宿)이 있다.

"4만 5000여 가구, 11만여 명이 비닐하우스나 판잣집 등에서 풍찬노숙을 하고 있다"는 2011년 통계청 조사 결과가 있는데, 여기서 풍찬노숙은 바람에 불리면서 먹고 이슬을 맞으면서 잔다는 뜻으로, 떠돌아다니며 고생함을 비유한 말. 지구촌 곳곳에는 이처럼 남부여대, 풍찬노숙하는 사람들의 수가 상상 이상으로 많은 것이 안타까운 현실.

이게 웬, 맑은 하늘에 날벼락

전혀 예상치 못한 일을 맞닥뜨렸을 때 쓰는 말이 바로 청천벽력. 붓의 기세가 힘차게 움직임을 비유하거나 갑자기 일어난 큰 사건이나 이변을 비유하는 말. 남송의 시인 육유의 시에 나온 표현이다. "병이 들어 가을을 보내고 있을 때 / 홀연히 일어나 취하여 글을 쓰니 / 정히 오래 움츠렸던 용과 같이 / 푸른 하늘에 벼락을 치네."

여름에서 늦가을까지 병마에 시름하던 육유는 어느 날 병을 이겨 낸 것 같은 생각이 들어 마치 술에 취하듯 흥겹게 붓을 놀리려 하지만 여전히 몸은 말을 듣지 않는 것이 이 시의 분위기다. 여기서 육유는 자신의 뛰어난 필치를 일러 '푸른 하늘에 벽력을 날린 듯하다'고 표현했다. 이 시에서의 '청천벽력'은 붓놀림의 웅혼함을 비유한 것.

오늘날 이 말은 '맑은 하늘에 날벼락'이라는 말처럼 '뜻밖의 큰 변'을 당할 때 쓰인다. 그런데 살면서 청천벽력을 맞지 않으려면 어찌해야 할까? '모진 놈 옆에 있다가 날벼락 맞는다'는 말이 있다. 그렇다면 그 '모진 놈'을 피해야 하는 것.

격화소양　　　　　　　　　　隔靴搔痒

핵심을 찌르지 못하는
안타까움이여
신을 신은 위로 가려운 곳을 긁는다? 격화소양은 어떤 일의 핵심을 찌르지 못하고 겉돌기만 해 매우 안타까운 상태를 뜻한다.

《속전등록》에 "불당에 올라 비를 잡고 침상을 두드리니, 신을 신고 가려운 곳을 긁는 것과 같다"라는 구절에서 나온 말로, 신을 신은 채 가려운 발바닥을 긁어보아도 아무런 효과가 없다는 뜻에서, 무슨 일을 애써 하기는 하나 요긴한 곳에 미치지 못하는 감질나는 마음을 비유한다. '언 발에 오줌 누기'라는 동족방뇨(凍足放尿)나 임시방편, 눈가림만 하는 일시적인 미봉책과도 맥락이 통한다.

그런데 격화소양이 스스로 자신의 한심한 처지를 느끼는 능동적인 안타까움을 표현한 말이라면, '모기를 보고 칼을 뺀다'는 뜻의 견문발검(見蚊拔劍)은 자신의 처지를 모르고 하는 안타까운 행동을 일컫는다. 이는 보잘것없는 작은 일에 안 어울리게 엄청 큰 대책을 사용하는 것을 비유한 말. 하지만 실로 안타깝다는 점에서는 모두 같은 말이다.

어리석은 자 그대 이름은?

당랑거철

상대에 대한 배려 없이 자기 별의
습성만을 고집한다면
살던 별로 쫓겨나야 하지 않을까?

옥상가옥

연목구어

남자와 여자는 참 다르다. 그래서 남자는 여자를 이해 못하고 여자는 남자를 이해 못하는 경우가 많은데, 이렇게 서로를 별종 취급하는 남녀관계를 심리학적으로 재미있게 풀어낸 책이 《화성에서 온 남자 금성에서 온 여자》다. 그러니까 남자는 화성에서 왔고 여자는 금성에서 온 완전 다른 존재라고 전제하고 서로를 대하면, 그래서 서로에 대한 이해의 폭이 넓어지면 어리석게도 "왜 당신은 나와 같지 않은지?" 하고 흥분할 일이 없어진다는 것.

그럼 이들의 사는 모습을 잠깐 보자. 화성인은 힘과 능력, 효율과 업적을 중시한다. 여자들이 사랑을 꿈꿀 때 남자들은 힘 좋은 자동차, 고성능 컴퓨터, 최첨단 신기술에 마음 뺏긴다. 반면 금성인은 사랑, 대화, 아름다움, 관계에 높은 가치를 둔다. 금성에는 곳곳에 공원과 잘 가꾼 정원, 쇼핑센터와 레스토랑이 있다고 한다.

하지만 화성인과 금성인은 지구별에서 함께 살아야 하는 존재. 상대에 대한 배려 없이 자기 별의 습성만 고집한다면 살던 별로 쫓겨나야 하지 않을까?

당랑거철　　　　　　　　螳螂拒轍　ⓡ

수레를 막는
사마귀의 만용
당랑은 사마귀, 거철은 '수레를 막다'는 뜻. 당랑거철은 사마귀가 수레를 막는다는 말로, 자기 분수를 모르고 상대가 되지 않는 사람이나 사물과 대적한다는 뜻.

춘추시대 제나라 장공 때의 일. 어느 날 장공이 수레를 타고 사냥터로 가던 도중 웬 벌레 한 마리가 앞발을 도끼처럼 휘두르며 수레를 쳐부술 듯이 덤벼드는 것을 보았다. 마부에게 이게 웬일이냐 묻자 마부가 대답했다. "저것은 사마귀라는 벌레이온데, 이 벌레는 나아갈 줄만 알고 물러설 줄을 모르며 제 힘은 생각하지도 않고 적을 가볍게 보는 버릇이 있습니다." 그러자 장공은 이렇게 말하면서 수레를 돌려 피해 갔다고 한다. "저것이 벌레가 아니라 사람이라면 아마도 세상에서 가장 용감한 군사가 되었을 것이다."

애초에는 분수 모르는 사마귀의 행동이 용감한 자의 필살기로 여겨졌지만, 이후 감당해내지 못할 일을 무모하게 벌이는 것으로, 즉 만용과 허세로 변용되었다.

비켜라!

각주구검 　刻舟求劍 🔖

대책 없고
융통성 없는 미련함
시대나 상황이 어떻게 변했는지
도 모르고 옛것만을 고집하는 어리석음을 비유하는 말이 각주구검.
이는 하나의 완벽한 풍자요 독설이다.

중국 초나라 사람이 배를 타고 강을 건너다 들고 있던 칼을 물속에
빠뜨렸다고 한다. 그러자 그는 곧 칼을 빠뜨린 뱃전에 칼자국을 내어
표시를 해두었다. 이윽고 배가 육지에 닿자 그는 칼을 건지고자 칼
자국이 있는 뱃전 밑으로 뛰어들었다. 그러나 거기에 칼이 있을 리
가 없는 법. 결국 그는 사람들 비웃음거리만 되고 말았다는 이야기.

《여씨춘추》의 각주구검 뒷부분은 이렇게 이어진다. "시대는 이미
지나가 변했건만 법은 그대로 아닌가? 이런 법으로 나라를 다스린
다면 어찌 어렵지 않겠는가?" 편찬자 여불위는 진시황의 아버지를
도와 권력을 이루고 재상까지 오른 당대의 지략가로서, 각주구검 고
사를 통해 자신의 생각을 강력히 드러냈던 것으로 볼 수 있다. 자신
이 떠오르는 별이라고 웅변한 셈인데, 여기서 각주구검의 칼은 과거
를 상징하는 것.

구상유취　口尙乳臭

**어린아이처럼
유치한 말과 행동** 구상유취란 입에서 아직 젖내가 난
다는 뜻. 상대가 아직 어릴 때, 또는 상대를 얕보고 하는 말이다. 한
나라 장군 한신은 고조 유방의 명을 받고 위나라를 치기 위해 적진으
로 떠났는데, 한신이 떠난 자리에서 유방은 깜박 잊은 듯 위나라 군
대의 장군이 누구인지 옆의 신하에게 물었다. 신하가 백직이라고 하
자 유방이 "백직? 참으로 젖비린내 나는 놈이로구먼, 그자가 어찌 한
신을 당하겠는가"라고 말했다는 데서 유래했다.

　이 말을 비유한 방랑 시인 김삿갓의 재미있는 일화가 있다. 삼복더
위의 어느 날 김삿갓이 시원한 계곡으로 들어서니 마침 선비들이 개
를 잡아놓고 술판을 벌이고 있었다. 두주불사 김삿갓이 말석에 앉아
접대를 기대했지만 누구 하나 신경 쓰는 이가 없자 김삿갓은 '구상유
취로군' 한마디를 던졌다. 그때서야 선비들은 자신들을 모욕한 줄 알
고 벌컥 성을 냈는데, 김삿갓은 능청스럽게 일렀다. "나는 단지 개 초
상에 선비들이 모여 있다고 했을 뿐이오. 구상유취(狗喪儒聚)라고."
동음한자지만 뜻은 전혀 달랐던 것.

수주대토 　　　　　　 守株待兔 🐇

공연한 기대,
허황한 어리석음

자기만의 착각에 빠져 되지도 않을 일을 고집하는 어리석음을 비유하는 말 수주대토는 '그루터기를 지켜보며 토끼가 나오기를 기다린다'는 뜻. 《한비자》에 나오는 말이다.

송나라의 한 농부가 하루는 밭을 가는데 토끼 한 마리가 달려가더니 밭 가운데 있는 그루터기에 머리를 들이받고 목이 부러져 죽는 것을 보았다. 농부는 토끼가 또 그렇게 달려와서 죽을 줄 알고 밭 갈던 쟁기를 집어던지고 그루터기만 지켜보고 있었다. 그러나 토끼는 다시 나타나지 않았고 그는 사람들의 웃음거리가 되었다는 이야기.

한비자는 이 이야기로 언제까지나 낡은 습관에 묶여 세상 변화에 대응하지 못하는 사람들을 비꼬고 있다. 한비가 살았던 시기는 전국 시대 말기인데도 요순의 이상적인 왕도정치만을 숭배하며 그 시절로 돌아갈 것을 주장하는 사람이 많았다. 옛날에 훌륭한 것이었다고 해서 그것을 오늘날에 적용시키려는 것은 그루터기 옆에서 토끼를 기다리는 것이나 다를 것이 없다고 한비는 목소리 높여 주장한 것.

연목구어 緣木求魚 🅱

불가능한 일을 시도하는 어리석음 때는 전국시대, 부국강병과 영토 확장에 힘을 기울이던 제나라 선왕이 무력으로 다른 나라를 제패하려는 패도정치에 대해 맹자에게 묻는다. 맹자는 인의를 중심으로 한 왕도정치를 꿈꾸는 인물이었던 만큼 왕의 패도정치를 은근히 꾸짖는다.

"무력으로 천하를 얻으려는 것은 나무에 올라 물고기를 구하는 것과 같습니다." "아니, 그렇게 심한 말을? 나의 바람이 그토록 터무니없단 말이오?" "예, 오히려 나무에 올라 물고기를 구하는 것보다 더욱 힘들 것입니다. 그것은 다만 물고기만 구하지 못할 뿐 후환은 없을 텐데 왕께서 이루고자 하는 것은 반드시 재앙이 따를 것이니, 백성을 전쟁터로 내몰고 나라를 망하게 할 수도 있습니다."

'우물에서 숭늉 찾기'는 조급한 성미를 비유한 것이라면, '나무에 올라 고기를 구한다'는 연목구어는 전쟁을 통해 패자가 되는 데만 관심 있는 제후들에게 그것이 얼마나 말도 안 되는 허황된 꿈인가를 알게 하고자 만든 비유인 것.

미생지신 尾生之信

**맹목적 믿음,
어리석은 신념** 춘추시대 노나라에 미생이라는 사람이 있었는데, 그는 매우 정직한 성품이라 약속한 것은 반드시 지켰다. 어느 날 그는 사랑하는 여자와 다리 아래에서 만나기로 약속하고 기다렸으나 여자가 오지 않자 소나기가 내려 물이 떠밀려와도 끝내 자리를 떠나지 않고 기다리다가 마침내 교각을 끌어안고 죽었다고 한다.

미생지신이란 이 이야기 속 '미생의 믿음'이란 말. 그렇다면 이 믿음은 보기 드문 대단한 신의일까 아니면 고지식하고 융통성 없는 믿음일까?

전국시대의 종횡가로 이름이 난 소진은 미생지신을 자신의 신의를 강조하는 예로 들기도 했으나 장자는 공자와 대화를 나누는 도척의 입을 빌어 미생의 융통성 없고 어리석음을 다음과 같이 통박했다. "쓸데없는 명분에 빠져 소중한 목숨을 가벼이 여기는 인간은 진정한 삶의 길을 모르는 놈." 《회남자》에서도 미생의 신의는 상대방을 속여 후일을 기하는 것만 같지 못하다고 했다. 그러니까 미생지신은 대단한 신의라기보다는 어리석은 믿음이라는 쪽이 훨씬 우세하다.

형편없는 무식과
못 배운 꼴불견

목불식정은 고무래를 보고도 정(丁)자를 알지 못한다는 뜻으로, 일자무식인 사람을 가리키는 말. '낫 놓고 기역자도 모른다'는 말과 같다.

당나라 때 지방 절도사로 파견된 장홍정은 부유한 집에서 본 바 없이 자라 성품이 오만 불손하고 방자한 인물이었는데 집안이 대대로 나라에 공을 세운 덕에 벼슬길로 나아가게 된 것이었다. 그런 그가 절도사로 권력을 잡자 그의 방약무인은 걷잡을 수 없었다. 그는 현지 군사들을 무시하면서 이렇게 말했다. "지금 천하는 태평천국인데 너희 놈들은 밤낮으로 100근씩이나 되는 활들만 들고 다니니 글자도 모르는 목불식정만도 못하다!" 참다못한 부하 관리들이 반란을 일으켜 장홍정을 잡아 가두자, 이 소식을 들은 황제는 장홍정의 직책을 박탈하고 이렇게 말했다. "그놈이야말로 목불식정이로고."

배울 만큼 배웠으면서도 무식한 행동을 하는 것은 실제로 모르고 무식하게 행동하는 것보다 더 나쁘다. 목불식정은 실제로 배움이 없다기보다는 무식한 행동을 하는 인간의 어리석음을 가리키기도 한다.

옥상가옥 屋上架屋

지붕 위의 지붕?
참으로 쓸데없는 짓 옥상가옥이란 지붕 위에 또 지붕을 얹는다는 뜻으로, 필요 없는 일을 이중으로 하는 것을 비유하는 말.

남북조시대 안지추라는 인물은 그때까지 전해내려온 모든 책들을 다 뒤져 20편의 두툼한 가훈을 만들어 자식들 삶의 지침으로 남겼는데, 그것이 바로 중국 교양인들이 오랜 세월 생활 지침과 자녀교육 교본으로 삼고 있는 책 《안씨가훈》이다. 이 책의 결론인즉, "제대로 사는 법만 알게 된다면 가진 것 하나 없어도 부자가 될 수 있고, 비루한 처지에서도 입신양명할 수 있다"는 것. 진정 창조적인 발상과 표현으로 저술한 이 책에서 저자는 이렇게 말했다.

"위진(魏晉) 이후에 쓰여진 모든 책들은 이론과 내용이 중복되고 서로 남의 흉내만 내고 있으니 그야말로 지붕 밑에 또 지붕을 만들고 평상 위에 또 평상을 만드는 것과 같다."

남의 글을 표절하는 일은 오래전부터의 병폐였던 듯. 여기서는 옥하가옥이라 했는데 이것이 후에 알기 쉽게 옥상가옥으로 변한 것이다.

고식지계　姑息之計

'눈 가리고 아웅'하는
철없는 계책

고식지계란 부녀자나 어린아이가 꾸미는 계책 또는 잠시 모면하는 일시적인 계책이라는 뜻. 근본 해결책이 아니라 임시방편이나 당장에 편안한 것을 취하는 꾀나 방법을 말한다.

《예기》에 보면 "증자가 말하기를, 군자가 사람을 사랑할 때는 덕으로, 소인이 사람을 사랑할 때는 고식으로 한다"는 구절이 있다. 군자는 덕으로 사랑하므로 오래가고 소인은 눈앞의 이익을 두고 사랑하기 때문에 오래가지 못한다는 것이다.

싸움의 기술을 정리한 《시자》에도 "은나라 주왕은 노련한 사람의 말을 버리고 부녀자나 아이의 말만 사용했다"는 구절이 나오는데, 눈앞의 손익만 보는 사람의 말을 들으면 화를 가져올 수 있다는 뜻이다.

비슷한 뜻으로 하석상대(下石上臺)가 있다. 이것은 아랫돌 빼서 윗돌 괴고, 윗돌 빼서 아랫돌 괴기라는 뜻으로, 임기응변으로 어려운 일을 처리함을 말하는데, '하석상대 식 정부 정책'을 비아냥대는 신문기사는 언제나 끊이지 않는다.

으~악!
이게 아니야…!

환골탈태

세상의 중심에서
실력을 외치다

나만의 멋진 인생을 위한
뜨거운 열정은
어떤 식으로든 보상받는 것
아니겠는가.

내가 바로~
"백미"였군…

백미

쾌도난마

약자의 처지에서 실패를 딛고 세상의 중심에 우뚝 선 인물은 찬탄받아 마땅하다. 그에겐 분명 포기할 줄 모르는 희망과 도전이 있었을 테니.

몇 해 전인가 전 세계적으로 수많은 사람의 심금을 울린 인물이 있었으니, 그의 이름은 폴 포츠. 그는 평범한 휴대폰 판매원에서 일약 세계적인 오페라 가수로 거듭난 '의지의 영국인'이다. 오페라 가수가 되고자 여러 차례 도전했지만 비호감의 외모로 번번이 좌절당했던 그는 양성 종양으로 수술받은 후 설상가상으로 교통사고까지 당해 쇄골이 부러지는 중상을 입고 아예 노래를 못할 수도 있는 지경까지 갔지만 결코 가수의 꿈을 포기하지 않았다. 그리고 마침내 오디션 프로그램 '브리튼즈 갓 탤런트'에 참가해 수많은 시청자들의 귀를 매료시키면서 우승을 거머쥐었다.

폴 포츠의 데뷔 앨범 〈원 챈스(One Chance)〉는 그야말로 단 한 번의 기회를 향한 수만 번의 노력이 이룬 쾌거인 것. 나만의 멋진 인생을 위한 뜨거운 열정은 어떤 식으로든 보상받는 것 아니겠는가.

여럿 가운데 출중한 기량

백미는 흰 눈썹이란 뜻. 삼국시대 때 제갈량과 절친했던 마량은 형제가 다섯이었다. 형제가 모두 재주가 뛰어났으나 그 중에서도 마량이 가장 뛰어났으므로 그 고장 사람들은 말하기를 "마씨 집안 다섯 형제는 모두 뛰어나지만 그 중에서도 백미가 가장 훌륭하다"고 했다. 흰 눈썹 백미는 마량의 별명. 어려서부터 눈썹에 흰 털이 섞여 있어 이렇게 불렸던 것.

이때부터 같은 또래, 같은 분야 여럿 중에서 가장 뛰어난 사람을 백미라 부르고, 지금은 사람뿐만 아니라 뛰어난 작품을 치켜세울 때도 백미라 부른다. 닭의 무리 속에 끼어 있는 한 마리 학이란 뜻으로, 여러 평범한 사람들 가운데 뛰어난 한 사람이 섞여 있음을 이르는 말 '군계일학(群鷄一鶴)'의 한 마리 학이 바로 백미인 것.

여기서 마량의 동생 마속은 '읍참마속(泣斬馬謖)'의 마속이다. 제갈량이 엄격한 법집행의 모범을 보이기 위해 울면서 목을 베었다는 그 마속.

내가 바로~
"백미"였군...

낭중지추　　　　　　　囊中之錐　🅱

어찌해도 감출 수 없는
재주
주머니 속의 송곳이라는 뜻의 낭중지추. 주머니 속 송곳이 주머니를 뚫고 비어져 나오듯 능력과 재주가 뛰어난 사람은 스스로 두각을 나타내게 된다는 뜻.

전국시대 말엽, 진나라의 공격을 받은 조나라는 수상 평원군을 초나라에 보내 구원군을 청하기로 했는데, 함께할 20명의 수행원 중 19명은 쉽게 뽑았으나 나머지 한 명이 적당치 않아 고심했다. 이때 모수라는 식객이 자청하고 나섰는데 평원군은 어이없어하며 말했다. "재능이 뛰어난 사람은 마치 주머니 속의 송곳 끝이 밖으로 나오듯이 남의 눈에 드러나는 법이네. 그런데 자네는 내 집에 온 지 3년이나 되었다는데 단 한 번도 내 눈에 띈 일이 없지 않나?" 이에 모수의 대답인즉 이랬다. "그건 나리께서 이제까지 저를 단 한 번도 주머니 속에 넣어주시지 않았기 때문이지요. 하지만 이번에 주머니 속에 넣어주신다면 끝뿐이 아니라 자루까지 드러내 보이겠습니다."

재치 있는 모수의 대답에 만족한 평원군은 그를 수행원으로 뽑았고, 그의 활약으로 초나라 구원군을 얻을 수 있었다고 한다.

난형난제 難兄難弟 🔖

우열을 가리기 난감한 승부

형 노릇 하기도 어렵고 동생 노릇 하기도 어렵다는 뜻으로, 누가 더 낫고 더 못한지 가려내기 어려운 경우에 사용되는 말이 난형난제.

한나라 진원방의 아들 장문과 그의 사촌 즉 원방의 동생 계방의 아들 효선이 서로 자기 아버지가 더 뛰어난 인물이라 주장하다 결말이 나지 않자 할아버지에게 가서 판정을 구했다. 이에 할아버지 왈 "원방도 형 되기가 어렵고 계방도 동생 되기가 어렵다"고 한 데서 유래한다. 훌륭한 동생을 둔 형은 형 노릇 하기 어렵고, 동생도 훌륭한 형 밑에서 동생 노릇 하기 어렵다는 말. 난형난제가 우열을 가리기 힘들게 둘 다 뛰어남을 말한다면, 둘 다 못났음을 비유한 말은 바로 '도토리 키 재기', '오십보 백보'.

난형난제와 비슷한 말로는 호각지세(互角之勢)가 있다. 호각은 두 뿔(角)이 길이나 굵기에서 큰 차이가 없다는 뜻으로, 서로 비슷비슷한 위세를 말한다. 인물·기량·지식 등이 서로 비슷해 우열을 가릴 수 없다는 뜻의 백중지세(伯仲之勢), 막상막하(莫上莫下)도 유사한 뜻.

일이관지   一以貫之

막힘없이 하나로 꿰뚫다

일이관지란 하나의 이치로써 모든 것을 꿰뚫는다는 뜻. 공자님 말씀이다. 공자가 자공에게 말했다. "너는 내가 많이 배워서 그것을 모두 기억하는 줄 아느냐?" "그렇지 않나요?" "아니다. 나는 하나로 꿸 뿐이다."

그러나 이 일관지도(一貫之道)를 명확하게 이해한 사람은 제자 가운데 증자뿐이었다. 공자가 증자에게 "나의 도는 하나로써 꿰었느니라." 말하고는 나가버리자 제자들이 증자에게 무슨 말이냐 물었다. 이에 증자가 말하길 "선생님의 도는 충(忠)과 서(恕)일 뿐"이라 했다. 충은 속에 있는 마음으로, 남을 나처럼 사랑한다는 의미에서는 인이라 하고, 살려는 마음이라는 의미에서는 성이라 한다. 그리고 '서'는 다른 사람의 마음을 자기의 마음과 같이 생각하는 일이다. 속에 있는 마음인 충이 밖으로 나타날 때는 '서'로 나타난다. 즉, 일이관지는 공자의 사상과 행동이 하나의 원리로 통일되어 있다는 뜻이다.

이 말이 지금은 '처음부터 끝까지 변함없이', '한 번에 끝까지'라는 뜻으로 쓰이기도 한다. '초지일관(初志一貫)'이나 '일관되다' 등.

대기만성　　　大器晚成

**꿈은 더뎌도
꼭 이루어진다** 사람의 능력은 보통 그릇에 비유된다. 그
릇이 큰 사람은 많은 것을 가지고 있고 또 가질 수 있는 사람이고 그
릇이 작은 사람은 그 반대인 것. 대기만성은 이러한 큰 그릇은 만드
는 데 시간이 걸린다는 말로, 큰사람이 되기 위해서는 많은 노력과
시간이 필요하다는 뜻.

삼국시대 위나라에 최염이라는 이름난 장군이 있었는데 그에게는
외모도 빈약하고 출세가 늦어 친척들로부터 멸시당하는 최림이라는
사촌동생이 있었다. 최염이 최림을 격려하며 말한즉 "큰 종이나 큰
솥은 그렇게 쉽사리 만들어지는 것이 아니란다. 큰인물 또한 성공하
기까지는 오랜 시간이 걸리는 법. 내가 보기에 너도 그처럼 대기만
성형 인물임이 분명해. 좌절하지 말고 열심히 노력하거라"라고 했다
는 것. 과연 최림은 후일 팔목상대할 정도로 성공하게 되고 오늘날
대기만성은 나이 들어 성공한 사람을 가리키는 말로 사용되고 있다.

혹시 지금 너무 힘들고 의기소침해 있다면 '내가 너무 큰 그릇인가
보다' 생각하고 더욱더 고군분투하기를.

완전 새로운 모습으로 태어나다

환골탈태란 뼈를 바꾸고 태를 빼낸다는 뜻으로 몸과 얼굴이 몰라볼 만큼 좋게 변한 것을 비유하는 말.

소식과 함께 북송을 대표하는 시인 황정견은 이렇게 말했다. "시의 뜻은 끝이 없지만 사람의 재주는 한계가 있다. 한계가 있는 재주로 무궁한 뜻을 추구하는 것은 불가능하다. 그래서 뜻을 바꾸지 않고 자기 말로 바꾸는 것이 '환골'이고 그 뜻을 가지고 형용하는 것이 '탈태'다."

환골이란 원래는 도가(道家)에서 신령스런 약을 먹어 보통 사람들의 뼈를 선골로 만드는 것을 말하며, 탈태는 시인의 시상(詩想)이 마치 어머니 태내에 있는 아기인 듯 그 태를 자기 것으로 해서 시적 경지로 승화시키는 것을 말한다.

으~악!
이게 아니야…!

따라서 환골탈태란 선배 시인들이 지은 시구를 자기의 시에 끌어다 쓰는 방법을 의미하는데, 이는 물론 남의 글을 베끼는 표절과는 차원이 다른 것. 환골탈태가 안 되면 모방이나 표절이 되는 것이다.

다이아몬드를 알아보는 눈

'백락이 한번 뒤를 돌아보다'라는 뜻의 백락일고. 백락은 누구이고 뒤를 돌아본다는 말은? 백락은 주나라 사람으로 본명은 손양. 원래 백락이란 전설에 나오는 천마(天馬)를 주관하는 별자리인데 손양이 말에 대한 지식이 워낙 탁월해 그렇게 불린 것이다. 어느 날 말 장수가 백락에게 찾아와 자기에게 훌륭한 말 한 필이 있어 이를 팔려고 시장에 내놓았지만 사흘이 지나도 아무도 사려고 하지 않으니 한 번만 감정해달라고 신신당부했다. 이에 백락이 시장에 가서 그 말의 주위를 여러 차례 돌면서 '과연 준마로군' 감탄하며 돌아가다 다시 뒤돌아보기를 여러 차례 했다. 그랬더니 최고의 말 감정가의 태도를 지켜보던 사람들이 그 말을 앞 다투어 사려고 했다는 이야기가 있다. 결국 이 준마는 백락이 있기 때문에 그 진가가 나타난 것.

백락일고란 명마도 백락을 만나야 세상에 알려진다는 뜻으로, 재능 있는 사람도 그 재주를 알아주는 사람을 만나야 빛을 발한다는 말. 천하의 지략가 제갈량도 유비를 만나고 나서야 그의 지혜가 발휘되지 않았던가.

일거양득 　　　　　　　　　一擧兩得

'꿩 먹고 알 먹고'
두 가지 이익을 얻다

진(秦)나라 혜문왕 때 재상 장의는 한나라와 싸울 것을 주장했으나 중신 사마 조는 이에 반대했다. "지금 한나라를 공격한다면 초나라와 위나라가 도와 공연히 천자를 위협한다는 원망만 듣게 될 뿐, 먼저 촉나라 오랑캐를 정벌한다면 국토는 넓어지고 백성들 재물은 쌓이게 될 테니, 한 가지 일로써 두 가지 이익을 얻게 될 것입니다." 물론 혜문왕은 사마 조의 주장을 따라 일거양득을 이뤘다.

또 하나의 이야기. 힘이 장사인 변장자가 여관에 투숙했는데 밖에서 호랑이가 나타났다는 소리가 들렸다. 이 말을 듣고 바로 뛰어나가려는 변장자에게 여관 사동 아이가 하는 말인즉 "지금 호랑이 두 마리가 서로 소를 차지하려고 싸우고 있으니, 잠시 후면 한 마리는 죽고 한 마리는 상처를 입을 것. 그때 가서 잡으십시오"라고 했다. 그 말대로 해서 변장자는 힘 안 들이고 한꺼번에 호랑이 두 마리를 잡았다는데. 일거양득이라는 말을 쓰게 된 것은 이때부터다. 같은 말 일석이조는 영어권 속담 'killing two birds with stone'을 풀어 쓴 것.

쾌도난마	快刀亂麻	

어려운 문제를
단번에 해결하다

쾌도난마란 '잘 드는 칼로 헝클어져 뒤엉킨 삼 가닥을 단번에 잘라버린다'는 뜻. 즉 복잡한 사안을 명쾌하게 처리하는 것을 비유하는 말이다.

동위(東魏)의 효정제 때 승상으로 있던 고환에게는 여러 명의 아들이 있었다. 어느 날 고환은 아들들의 능력을 시험하기 위해 어지럽게 뒤엉킨 실타래를 하나씩 나눠주고는 이것을 잘 추슬러보라고 했다. 이에 다른 형제들은 뒤엉킨 실을 한 가닥으로 풀어내느라 분주했는데 둘째 아들인 고양만은 달랐다. 고양은 칼을 뽑아 단번에 실타래를 잘라버리더니 "어지러운 것은 베어버려야 한다"고 말했고 이를 본 고환은 이 아들놈이 크게 될 인물이라고 생각했던 것이었으니.

고양은 나중에 효정제를 몰아내고 북제를 세워 즉위하니, 그가 문선제다. 그런데 문선제는 만년에 폭정을 일삼았고 이로 인해 쾌도난마라는 말은 애초에는 권력으로 백성들을 억눌러 문제를 해결한다는 의미로 사용되었다. 그러던 것이 나중에 풀기 어려운 사안을 과단성 있게, 명쾌하게 처리하는 것을 비유하는 말로 바뀐 것.

한 분야의
최고의 권위자

산동성 태안에 있는 태산은 중국의 다섯 명산 가운데 하나이고 북두는 모든 별의 중심적 위치에 있는 것. 따라서 태산북두라 하면 모든 사람들이 존경하는 뛰어난 인물 또는 학문이나 예술 분야의 권위자나 대가를 비유하여 이르는 말.

지극한 존경을 표하는 이 말의 첫 대상자는 당송팔대가(唐宋八大家)로 꼽히는 중국 제일의 문장가인 한유다. 한유는 순탄하지 못했던 벼슬살이와는 달리 학문과 사상 분야에서 뚜렷한 업적을 남긴 인물. 친구인 유종원 등과 고문운동을 제창해서 고문이 송대 이후 중국 산문 문체의 표준이 되게 했으며, 그의 문장은 그 모범으로 알려지는 등 후세에 영향을 주었다. 《당서》 한유전에는 이렇게 기록되어 있다.

"당나라가 일어난 이래 한유는 육경(六經)의 문장으로 여러 학자들의 스승이 되었다. 그가 죽은 뒤에도 그의 학설이 천하에 떨쳤으므로 학자들은 그를 태산북두처럼 우러러보았다."

오늘날 이 말은 '태두'라는 약칭으로도 통용되며, 한 분야에서 최고의 위치에 있을 때 사용된다.

친구, 바라만 봐도 마음이 따뜻해지는 너

16

간담상조

인생은 네가 본 영화하곤 달라.
인생이 훨씬 힘들지. 하지만 진한 우정이
함께한다면….

죽마고우

문경지교

가슴 아련한 음악이 아름다운 영화 〈시네마 천국〉은 토토라는 한 아이의 인생을 사랑과 우정에 초점 맞춰 감동적으로 그려낸 걸작이다. 그런데 이 진솔한 영화 속 이야기에서 강렬한 여운을 남기는 것은 사랑보다는 '우정'이다. 영화를 좋아하는 소년 토토와 영사기사 알프레도의 세대를 뛰어넘는 우정.

전쟁으로 아버지를 여읜 토토에게 알프레도는 친구이자 동료이자 아버지, 그리고 인생 멘토였던 것. 알프레도는 토토에게 깊은 연민에서 우러나오는 인생조언을 한다.

"인생은 네가 본 영화하곤 달라. 인생이 훨씬 힘들지."
"당장은 넌 나보다 앞을 못 봐. 떠나거라. 그리고 아주 오랫동안 돌아오지 마라."

그렇게 토토는 알프레도의 떠미는 손을 뒤로하고 고향을 떠나 성공하고 알프레도의 부음을 듣고 고향을 다시 찾아 알프레도가 남긴 마지막 선물을 보게 된다. 그 선물은 바로 어린 시절 그가 빠져 보던 영화의 잘린 키스장면들. 검열 때문에 삭제된 키스장면은 아쉬운 꿈과 같은 것. 알프레도는 마지막까지 꿈의 조각들을 선물하고 간 것이다. 상상 이상의 깊은 우정으로.

간담상조 肝膽相照

속을 다 드러내 보일 수 있는 친구 간담은 간과 쓸개로, 마음속 깊숙한 곳을 가리킨다. 간담을 서로 드러내 보인다는 간담상조란 서로가 마음속을 툭 털어놓고 숨김없이 친하게 사귄다는 뜻.

당나라 유종원이 유주자사로 임명될 때 그의 친구 유몽득도 파주자사로 가게 되었다. 유종원이 그것을 알고 울먹이면서 "파주는 몹시 궁벽한 변방인데 늙은 어머니를 모시고 갈 수 없을 것. 내가 간청해 몽득 대신 파주로 가는 것이 좋겠다"고 말했다. 유종원은 이렇듯 친구들에게 따뜻한 인물이었으니, 그가 죽은 후 한유가 그 우정에 감복해 유종원의 묘지명을 썼다. "사람이란 어려운 일을 당했을 때 참된 절의가 나타나는 것이다. 평소에는 서로 그리워하고 같이 술을 마시며 놀고 즐겁게 웃는 것이 마치 간담을 내보이는 것처럼 하고 죽는 한이 있어도 우정만은 변치 말자고 맹세하나 이해관계가 있으면 눈을 돌려 모르는 체하기 쉬운 법. 허나 유종원만은 아니었으니……."

인생의 가장 큰 자산이 친구임에야, 간담상조하는 친구 하나가 내 삶을 든든하게 하는 것.

친구가 있어 빛나는
나와 우리의 삶

누군가로부터 받는 굳건한 믿음과 기대, 두터운 신뢰는 인생의 큰 자양분이다. 그것이 부모나 스승으로부터 오는 것이라면 어느 정도는 부담감으로 작용하기도 하겠지만 친구가 보내는 것이라면 그 믿음은 그저 나를 지켜주는 든든한 버팀목일 뿐. 관포지교는 이렇듯 서로에 대한 믿음과 의리가 돈독한 친구 사이를 일컫는 말.

이는 춘추시대 관중과 포숙의 이야기다. 두 사람이 함께 장사하던 시절 관중이 이익금을 더 많이 가졌지만 포숙은 그가 탐욕스러운 것이 아니라 가난하기 때문이라고 이해했다. 관중이 세 번 벼슬길에 나가 모두 군주에게 쫓겨났을 때도 포숙은 그가 못난 것이 아니라 때를 만나지 못했기 때문이라 격려했다. 관중이 세 번 전쟁터에 나가 모두 도망쳤을 때도 포숙은 그가 겁쟁이여서가 아니라 늙으신 어머니 때문임을 알아주었다. 이에 관중은 죽기 전 이렇게 말했다. "나를 낳아준 이는 부모지만 나를 진정으로 알아준 이는 포숙이다." 이렇듯 돈독한 관중과 포숙의 변함없는 우정이 바로 관포지교.

제일 좋은 친구는 오래된 친구

죽마고우는 대나무 말을 타던 옛 친구, 오랜 소꿉친구를 뜻하지만 그 유래는 좀 슬프다. 진나라 환온은 어려서부터 친구인 은호와 사이가 안 좋아져 그를 규탄하는 상소를 올려 변방으로 귀양을 보내고는 말한다. "은호는 어려서 나와 함께 죽마를 타고 놀던 친구다. 내가 죽마를 버리면 언제나 은호가 가지고 갔으니 그가 내 밑에 있는 것은 당연한 것." 시간이 흘러 환온은 은호에게 벼슬을 주고자 화해의 편지를 보냈는데 은호는 이에 승낙의 답장을 썼으나 실수로 빈 봉투만 보내고 말았다. 화가 난 환온은 은호를 부르지 않았고 결국 은호는 쓸쓸히 귀양지에서 생을 마쳤다는 이야기.

진심으로 알아주는 친구라는 뜻의 '지음(知音)' 또한 유래는 쓸쓸하다. 춘추시대 백아에게는 그의 거문고 소리만 듣고도 마음을 알아주는 친구 종자기가 있었는데, 종자기가 죽자 더 이상 자신의 거문고 소리를 알아줄 사람이 없음을 안타까워해 줄을 끊고 다시는 거문고를 타지 않았다고 한다.

물과 물고기처럼 매우 긴밀한 사이

수어지교란 물과 물고기의 사귐이란 뜻으로, 물고기가 물을 떠나서는 잠시도 살 수 없는 것처럼 떨어질 수 없는 관계를 비유한 말이다.

조조와 손권과 유비가 세력을 다투던 삼국시대, 유비는 삼고초려함으로써 제갈량을 자신의 군사전략가로 모시는 데 성공한다. 그리고는 제갈량 덕분에 승승장구하게 되자 그를 절대적으로 신임한다. 이에 의형제간인 관우와 장비가 자신들보다 제갈량을 더 의지하는 것에 불평을 터뜨리자 유비는 그들을 불러 타일렀다. "내가 제갈량을 얻은 것은 마치 물고기가 물을 얻은 것과 같다. 즉 나와 제갈량은 물과 물고기의 관계인즉 너희들은 아무 말도 하지 말기 바란다."

결국 관우와 장비는 찍소리 못하고 다시는 불평하지 않았다고 한다. 여기서 수어지교는 군주와 신하의 친밀한 관계를 비유, 서로간에 큰 도움이 되는 사이를 말한다.

서로 거스르지 않는 친구라는 뜻으로, 아무 허물없이 친한 친구를 가리키는 말로 막역지우(莫逆之友)도 있다.

내 목을 베어줄 정도의
깊은 우정

전국시대 강국인 진나라의 소양왕은 조나라 혜문왕의 천하의 명옥인 화씨지벽을 탐내 진나라 소유의 성 15개와 맞바꾸자고 제안했다. 이에 조나라는 난처한 입장에 빠졌는데 이때 인상여라는 자가 화씨지벽을 들고 진나라에 가서 지략을 짜내 온전하게 화씨지벽을 되가져왔다(여기서 나온 말이 '완벽').

또한 3년 후 화친을 제의한 소양왕이 연회석상에서 혜문왕을 욕보이려 하자 인상여가 재치와 용기로 진나라의 흑심을 꺾었다. 이러한 공적으로 인상여의 지위가 조나라의 기둥격인 염파보다 높아지자 염파는 화가 나서 펄펄 뛰었다. 그러자 인상여는 염파를 피해다녔다. 부하들이 이를 부끄럽게 여기자 인상여는 말했다. "진나라 소양왕은 염파보다 무서운 상대다. 그런 진왕마저 질책한 내가 염파가 두려워 피하겠느냐? 진나라가 우리를 두려워하는 것은 나와 염파가 있기 때문인데 우리 둘이 만나 싸운다면 안 될 일이다." 이 말을 전해들은 염파는 자신의 졸렬함을 반성하고 인상여를 찾아가 화해했고 둘은 칼에 목이 달아나도 변치 않을 우정 '문경지교'를 맹세했단다.

17

존재의 뿌리에 대한 한없는 외경심

연어의 회귀본능은 존재의 뿌리에 대한
한없는 외경심과도 같은 것 아닐까?

사람이 지니지 못한 '신비로운 지성'을 지닌 물고기가 있다면? 그것은 연어다. 자신이 태어난 곳으로 거꾸로 거슬러 오르는 회귀본능을 갖고 있는 은빛 물고기. 연어는 어떻게 자신이 태어난 지점을 기억하고 돌아오는 것일까? 그것은 자신이 태어난 강의 냄새를 내내 기억하고 있기 때문이란다. 그리고 무엇보다 돌아오고자 하는 속성, 그 신비한 '의지' 덕분이다.

《북태평양의 은빛 영혼 연어를 찾아서》의 저자는 이렇게 말했다.

"폭포나 다른 장애물을 이겨내기 위해서는 힘과 기품이 필요하고, 홍수로 불어난 물살을 견뎌내기 위해서는 체력이 필요하며, 거대한 통나무들이 가로막고 있는 미로를 헤치고 나아가기 위해서는 체계적인 지구력이 필요하다. 연어의 이러한 속성은 너무나 놀랍다. 그래서 우리는 그들을, 자신이 태어난 시내와 나머지 수중세계의 냄새를 구분할 줄 아는 신비로운 지성으로 간주할 수밖에 없다."

연어의 회귀본능은 존재의 뿌리에 대한 한없는 외경심과도 같은 것 아닐까?

부모에 대한 자식의 지극한 도리

출필고반필면은 "나갈 때는 반드시 아뢰고, 돌아오면 반드시 얼굴을 뵌다"는 뜻. 외출할 때와 귀가했을 때 부모에 대한 자식의 도리를 비유하는 말이다. 《예기》에서는 부모와 연장자를 대하는 도리에 대해 다음과 같이 말했다.

"무릇 사람의 자식 된 자는 밖에 나갈 때는 반드시 부모에게 행선지를 말씀드리고, 집에 돌아와서는 반드시 부모의 얼굴을 뵙고 돌아왔음을 알려드려야 한다. 노는 곳은 반드시 일정해야 하고, 익히는 것은 반드시 과업이 있어야 하며, 항상 자신이 늙었다고 말하지 않도록 주의해야 한다. 나이가 두 배 많은 사람을 대할 때는 부모처럼 섬기고, 10년 연장자를 대할 때는 형처럼 섬기며, 5년 연장자를 대할 때는 어깨를 나란히 하되 뒤를 따른다. 다섯 사람 이상이 한 자리에 있는 경우에 연장자의 좌석은 반드시 달리해야 한다."

부모와 선배에 대한 '도리'는 내 삶에 대한 예의다. 예의 있는 사람은 그 덕으로 또한 많은 복을 받기 마련인 것.

197

고향을 향한 애틋한 그리움

수구초심이란 여우가 죽을 때 머리를 자기가 살던 굴 쪽으로 바르게 하고 죽는다는 말로, 고향을 그리워하는 마음을 비유한 것.

우선 강태공 이야기를 해보자. 강태공이 누구인가? 은나라 말기 어수선한 시절에 태어나 자신이 섬길 주인을 기다리며 백발노인이 될 때까지 만날 낚시질만 하며 '세월을 낚던' 인물이다. 그러다 위수에서 낚시 중에 주나라 문왕을 만나니 주 문왕이 그 자리에서 그의 경륜에 감탄해 그를 스승으로 모시게 된다. 그 후 주 문왕을 도와 라이벌이었던 은나라 주왕을 멸망시켜 주나라가 천하의 패자가 되는 데 크게 도움을 준다. 그리고 그 공적으로 강태공은 제나라를 봉함으로 받아 제나라의 시조가 되고 그곳에서 죽는다. 하지만 그를 포함해 5대손에 이르기까지 자손 모두 주나라 천자의 땅에 장사지내졌는데, 이를 두고 당시 사람들은 이렇게 말했다. "예란 그 근본을 잊어서는 안 된다. 옛사람이 말하기를, 여우가 죽을 때 머리를 자기가 살던 굴 쪽으로 향하는 것을 인(仁)이라고 했다."

태산보다 높은
부모님 은혜

은혜 하면 뭐니 뭐니 해도 부모님 은혜 아닌가. 그리고 부모님 은혜 하면 '반포지효'다. 까마귀는 부화한 지 60일 동안은 어미가 새끼에게 먹이를 물어다주지만 이후 새끼가 다 자라면 먹이 사냥에 힘이 부친 어미를 먹여살린다고 한다. 이 까마귀를 반포조라 하고 자식 까마귀가 어미를 되먹이는 습성을 반포라고 하는데 이는 극진한 효도를 의미하는 것. 우리가 불길의 대명사로 여기며 무시하는 까마귀에게 '효' 하나만은 본받아야 할 점. 사실 까마귀가 불길하다는 것도 동양인만이 갖는 편견이고.

아무튼 이와 정반대 뜻을 갖는 말은 인면수심(人面獸心). 얼굴은 사람의 모습이나 마음은 짐승과 같다는 뜻으로, 사람의 도리를 지키지 못하고 행동이 흉악하고 음탕한 사람을 비유한 말. 그러나 원래 뜻은 이와 달랐으니, 인면수심은 중국인들이 북방 오랑캐를 부르는 말인 흉노를 가리키는 말이었다. 단지 미개한 족속을 일컫던 말이 아예 나쁜 사람으로 의미가 확장된 것.

'고전적인 효'의 최고 지침

혼정신성은 저녁에는 잠자리를 살피고 아침에는 일찍이 문안을 드린다는 뜻으로, 부모에게 효도하는 도리를 이르는 말로써 고전적인 효의 최고 지침이라 하겠다.

이 말은 《예기》에 나오는 말로 "밤에 잘 때 부모의 침소에 가서 밤새 안녕하시기를 여쭙는다"는 뜻의 '혼정'과 "아침 일찍 일어나 부모 침소에 가서 밤새의 안후(安候)를 살핀다"는 뜻의 '신성'이 결합한 것.

이 효사상은 동서고금을 막론하고 인륜의 가장 으뜸가는 덕목으로 중시되었으니, 즉 '효는 백 가지 일의 근본'이라 하여 부모를 봉양하고 공경하며 조상에게 제사드리는 일이 의무화되면서 효사상은 사회규범으로 굳어졌는데, 이제는 삶을 구속하는 규범이 아니라 마음에서 우러나오는 참된 '효'를 행해야 할 터.

부모를 섬기는 데 '겨울에는 따뜻하게 여름에는 서늘하게' 한다는 뜻의 동온하청(冬溫夏淸)도 서로 뜻이 통하는 말이다.

풍수지탄 　　　　　　　風樹之嘆

**때를 놓친 '효',
그 뒤늦은 탄식** 　바람에 나부끼는 나무의 탄식을 뜻하는 풍수지탄. 이는 부모님이 돌아가시어 효도하고 싶어도 할 수 없는 슬픔을 뜻하는 것.

어느 날 공자가 길을 가다 슬프게 울고 있는 고어라는 사람을 만났다. 우는 이유를 묻는 공자에게 그가 말했다. "저는 세 가지 잘못을 저질렀습니다. 첫째는 젊었을 때 천하주유를 마치고 집에 와보니 부모님이 세상을 떠나신 것이요, 둘째는 섬기던 군주가 사치를 좋아하고 충언을 듣지 않아 그에게서 도망쳐온 것이요, 셋째는 부득이한 사정으로 친구와 사귐을 끊은 것입니다. 나무는 가만히 있고자 하나 바람이 그치질 않고 자식은 봉양하고자 하나 부모님은 기다려주지 않습니다. 한번 가고 나면 돌아오지 않는 것이 세월이고 돌아가시면 다시 볼 수 없는 분이 부모님이십니다."

이 말을 끝으로 고어는 마른 나무에 기대 죽었다고 한다. 이로써 풍수지탄은 효도를 다하지 못한 채 부모를 잃은 자식의 슬픔을 가리키는 말로, 부모가 살아계실 때 효도를 다하라는 뜻으로 쓰이는 말.

18

죽기 아니면
까무러치기

구우일모

'싸우지 않고 이기는 것'이 최고다.
즉 백전백승이 선의 선이 아니고
싸우지 않고 적을 굴복시키는 것이 선의 선.

와신상담

기호지세

손자병법의 중요한 기본 원칙 중 하나가 '싸우지 않고 이기는 것'이다. 즉 "백전백승이 선의 선이 아니고 싸우지 않고 적을 굴복시키는 것이 선의 선"인 것.

즉 최상의 전쟁 방법은 사전에 적의 의도를 꿰뚫어 이것을 봉쇄하는 것이다. 차선책은 적의 동맹 관계를 차단해 고립시키는 것. 그리고 최하의 방법이 적을 공략하는 것이다. 적의 공략은 부득이한 최후 수단에 불과하다. 군사력의 힘으로 싸워 상대를 굴복시키는 것은 이겼다 하더라도 최하의 병법에 불과하다. 왜 그럴까?

두 가지 이유가 있다. 하나는 실제 총력을 기울여 싸운다면 아무리 잘 싸워 이긴다 해도 아군에게도 상당한 인적, 물적 손실이 생기기 마련이다. 그래서 좋은 병법이 아니라는 것. 또 하나는 오늘의 적은 내일의 아군이 될 수도 있는 것이기에 실제 그렇게 되면 상대에게 상처 주지 않고 우리 편으로 만드는 것이 상책이 되는 것이다. 그것이야말로 싸우지 않고 이기는 것이며 상대를 굴복시키는 최고의 전술 아니겠는가.

권토중래　　　　　　　　捲土重來

**실패를 딛고
다시 도전하다**　　'흙먼지를 일으키며 다시 온다'는 권토중래. 한번 싸움에 패했다가 다시 힘을 길러 쳐들어오는 일, 또는 어떤 일에 실패한 뒤 다시 힘을 길러 그 일에 재차 도전하는 일을 비유하는 말이다. 초나라 항우는 한나라 유방에게 결정적인 패배를 당한 후 오강에서 치욕을 씻고자 자살했다. 그때 그의 나이 31세. 주변 사람에게 강동으로 돌아가 다시 '권토중래'할 기회를 잡으라는 말을 들었지만, 성미 급하고 자존심 강한 항우는 돌아갈 면목이 없다면서 스스로 권토중래의 기회를 포기한 것. 그 후 천 년이 지나 오강 근처에 머물게 된 당나라 말기 대표 시인 두목이 항우의 요절을 애석히 여기며 시를 읊었으니,

"승패란 전략가도 알 수 없는 일 / 부끄러움을 참을 줄 아는 것이 사나이라네. / 강동의 젊은이 중에는 인물도 많은데 / 흙먼지 일으키며 다시 쳐들어왔다면 어찌 되었을까." 시인은 항우가 '권토중래'하여 다시 한 번 패권을 쥐었더라면 하는 아쉬움을 토로한 것. 그랬다면 어찌 되었을지, 역사는 가정할 수 없는 것일 뿐.

필승을 위한
각고의 정신무장

춘추전국시대 오나라의 왕 합려는 월나라 왕 구천에게 패해 전사하며 아들 부차에게 원수를 갚을 것을 유언으로 남겼다. 이에 부차는 가시가 많은 장작 위에 자리를 펴고 자며 방 앞에 사람을 두고 출입할 때마다 "부차야, 아비의 원수를 잊었느냐!" 하고 외치게 했다.

이제 입장이 바뀌었다. 거꾸로 포로가 된 구천과 신하 범려는 3년 동안 부차의 노복으로 일하는 등 갖은 고역과 모욕을 겪었고 구천의 아내는 부차의 첩이 되었다. 그리고 월나라는 영원히 오나라의 속국이 될 것을 맹세하고 목숨만 겨우 건져 귀국했으니, 구차는 돌아오자 잠자리 옆에 항상 쓸개를 매달아놓고 앉거나 눕거나 늘 이 쓸개를 핥아 쓴맛을 되씹으며 자신의 치욕적 패배를 잊지 않고자 자신을 채찍질했다. 그로부터 20년 후 구천은 오나라를 정복하고 부차를 생포해 자살하게 한다. 와신상담은 부차의 와신 즉 땔나무에 누워 잔 것과 구천의 상담 즉 쓸개를 맛본 것이 합쳐서 된 말로 타의 추종을 불허하는 인내와 노력을 뜻한다.

문제 해결을 위한
근본 처방

발본색원은 나무를 뿌리째 뽑고 물의 근원을 없 애다는 뜻으로, 폐단의 근본 원인을 모조리 없앤다는 말. 주나라 왕 이 이렇게 말했다. "나무에는 뿌리가 있고 샘물에는 근원이 있으며 백성에게는 군주가 있다. 그와 같이 큰아버지에게는 내가 있다. 만일 큰아버지가 나무뿌리를 뽑아버리고 샘물의 근원을 막아버리며 군주 인 나를 저버린다면 오랑캐들도 나를 무시할 것이다." 여기서는 나 라의 근본인 군주를 위태롭게 해서는 안 된다는 의미지만, 이후 발 본색원은 나라 망치는 폐단을 뿌리째 뽑아 근본에서 해결한다는 뜻 으로 사용된다.

또한 명나라의 철학자 왕양명도 그의 저서에서 발본색원을 이야 기했다. 그는 발본색원하지 않는다면 세상이 점점 어지러워져 사람 들이 금수나 오랑캐같이 되어 성인의 학문을 이루려 하지 않을 것이 라고 주장했는데, 그의 취지는 한마디로 하늘의 이치를 알라는 것으 로, 사사로운 탐욕을 근원부터 없애야 한다는 것. 현재 발본색원의 대상은 주로 부정부패 척결이나 범죄조직 소탕 같은 사회현상이다.

일생일대
마지막 승부수

'하늘과 땅을 걸고 한번 던지다'라는 뜻의 건곤일척. 승패와 흥망을 걸고 마지막으로 결행하는 단판승부를 말한다. 초나라 항우와 한나라 유방이 대군을 거느리고 대치하던 때, 항우와 유방은 승부가 쉽게 날 것 같지 않아 휴전하고자 했으나 유방의 참모진이 강력히 권고했다. 초나라를 멸망시킬 때는 바로 이때라고, 지금 이대로 항우를 놓아보낸다면 호랑이를 길러 나중에 큰 피해를 보게 될 것이라고. 고심하던 유방은 마지막 승부수를 띄울 것을 결심하고 항우의 뒤를 추격, 다음 해에 초나라 군사는 해하 전투에서 패배하고 항우는 오강으로 달아났다 그곳에서 자결한다. 이로써 유방은 중국을 두 번째로 통일하게 되는데.

당나라의 시인 한유는 유방의 승부수를 '건곤일척', 즉 일생일대의 도박이라고 표현했다.

"용은 지치고 범도 피곤해 강과 들을 나누어가졌네. 이로 인해 억만창생의 목숨이 살아남게 되었네. 누가 임금에게 권해 말머리를 돌리게 하고, 참으로 한 번 던져 하늘과 땅을 걸게 만들었던고."

기호지세 　　　　　　騎虎之勢

**도저히 도중에
멈출 수 없음**　한나라 양견은 한나라가 다른 민족에게 지
배당하고 있는 현실을 너무도 분하게 여겨 기회만 있으면 세상을 다
시 한나라 천하로 만들고자 했다. 그리하여 결국 진나라를 멸망시켜
천하를 통일하니 그가 바로 수나라 황제 문제다. 문제의 부인 독고황
후는 남편이 천하를 통일하는 일에 열심히 매진하고 있을 때 다음과
같이 격려하는 말을 전했다. "당신은 이미 호랑이에 올라타 있는 기
세이기 때문에 도중에 내릴 수가 없습니다. 내리면 호랑이에게 잡혀
먹고 맙니다. 그러니 끝까지 일을 성취하시기 바랍니다."

　이런 경우를 두고 부창부수라 하는 것일까? 아무튼 기호지세는 '호
랑이를 올라타고 달리는 기세'라는 뜻으로, 도중에 그만두려 해도 그
만둘 수 없는 형편을 이르는 말. 중간에 그만두면 더 손해가 나므로
어쩔 수 없이 일을 추진해야 할 때 쓰는 말이다. 그것은 '울며 겨자
먹기'일 수도 있고, 내친 김에 끝까지 파이팅
하는 경우일 수도 있는데, 분명한 건 어느 쪽
이든 끝장을 봐야 한다는 것.

배수지진 背水之陣

죽기를 각오하고 싸우다   배수지진은 물을 등지고 진을 친다는 뜻으로 어떤 일에 결사적인 각오로 임한다는 말. 한나라 고조가 제위에 오르기 2년 전, 한군을 이끌던 한신은 위나라를 격파한 여세를 몰아 조나라로 진격했다. 수적으로 열악한 한신의 일만 군대는 강을 등지고 진을 쳤고 주력부대는 성문 가까이 공격해 들어갔다. 한신은 적이 성에서 나오자 패배를 가장해 배수진까지 퇴각하게 했고 한편으로는 조나라 군대가 성을 비우고 추격해올 때 매복병을 시켜 성 안으로 잠입, 조나라 기를 뽑고 한나라 깃발을 세우게 했다. 도망치면 물에 빠져 죽게 되는 곳, 물을 등지고 진을 친 한신의 군대는 죽기 아니면 살기로 결사 항전을 하니 이길 수밖에 없었던 것.

싸움이 끝나고 축하연 자리에서 부장들이 한신에게 어찌 물을 등지고 싸울 생각을 했는지를 묻자 한신은 대답했다. "사실상 나의 군사들은 오합지졸들로 가만두면 그냥 흩어져 달아나버렸을 것. 그래서 사지에 몰아넣은 것뿐이오." 이로써 배수진을 친다는 것은 더 이상 물러날 곳 없는 결사항전을 뜻하게 된 것.

강물은 바다를 이길 수 없는 법

적은 수로는 많은 적을 대적하지 못한다는 말 중과부적은 맹자님 말씀. 전국시대 천하를 떠돌며 왕도(王道)를 역설하던 맹자가 제나라 선왕을 만났을 때, '어찌하면 천하의 패권을 잡을 수 있는지'를 묻는 왕에게 이렇게 말했다.

"지금 소국인 추나라와 대국인 초나라가 싸우면 어느 쪽이 이기겠습니까?"

"초나라가 이깁니다."

"그렇다면 작은 것은 결코 큰 것을 이길 수 없고, 무리가 적은 것은 무리가 많은 것을 대적할 수 없으며, 약한 것은 강한 것에 패하기 마련입니다. 지금 천하 사방에 아홉 개의 나라가 있습니다. 제나라도 그 가운데 하나. 하나가 나머지 여덟을 굴복시키려는 것은 결국 추나라가 초나라를 이기려는 것과 무엇이 다릅니까?"

무력으로 천하를 얻으려는 것은 거의 불가능하니 '왕도정치'로써, 즉 백성을 감복시키는 덕을 베풀어 그들의 마음을 움직이게 해서 세상을 얻어야 한다는 말씀이었던 것.

구우일모	九牛一毛	R

아무것도 아닌
하찮은 일이라니

구우일모는 '아홉 마리 소 중의 털 한 개'라는 말로 많은 수 중에서 가장 적은 수를 뜻한다.

한나라 무제 때의 일. 당시 흉노족에게 투항한 이릉 장군에 대한 처벌을 두고 옥신각신하던 중 당시 태사령이었던 사마천이 이릉을 변호하고 나섰다. 이에 화가 난 무제는 사마천에게 궁형 즉 생식기를 절단하는 형벌을 내렸다. 이때의 심정을 사마천은 친구에게 보낸 편지에 이렇게 적었다. "내가 사형을 당했더라도 그것은 소 아홉 마리에서 뽑은 털 한 가닥이 없어지는 것처럼 하찮은 일일 뿐. 사람들은 차라리 죽는 게 낫지 그런 궁형을 받고도 살아남으려고 하느냐 나를 비웃지만, 내가 그런 치욕 속에서도 살고자 하는 것은 죽기 전에 완성해야 할 책이 있기 때문이지."

사마천은 아버지의 유언에 따라 중국 최초의 역사서인 《사기》를 완성한 인물. 대업을 이뤄야 하는데, 그깟 하찮은 자존심 따위는 버려도 상관없다는 표현이었던 것이다. 비슷한 말로 '바다 속의 좁쌀 한 알'이라는 뜻의 창해일속(滄海一粟)이 있다.

19

세상을 비추는 찬란한 아름다움

가인박명

우리 속의 어느 여신이 독보적으로
활약하느냐에 따라 각자의 개성이 결정되며
그에 따른 각기 독특한 아름다움을
갖게 된다는데….

丹脣皓齒

단순호치

천의무봉

《우리 속에 있는 여신들》이란 책은 여러 각도에서의 '아름다움'에 대해 이야기한다. 우리 속에는 일곱 명의 여신이 살고 있는데 이 여신들 중 어느 여신이 독보적으로 활약하느냐에 따라 각자의 개성이 결정되며 그에 따른 각기 독특한 아름다움을 갖게 된다는 것.

하지만 그 중 사랑과 미의 여신 아프로디테는 그야말로 아름다움의 대명사인즉 이 여신이 발달한 여성은 쾌락과 미를 즐기고 관능적이고 창조적인 능력을 발현한다. 이 여성은 "거울아, 거울아, 세상에서 누가 제일 예쁘니?" 놀이를 즐겨 하는데 이때 "당신이요!"라고 반응하지 않는 상대는 관계 대상에서 제외되며 자신의 질문에 흔들림 없이 '너'를 외치는 사람만이 남게 된다. 그러다보니 지나치게 아프로디테가 활성화된 여성은 자신에 대한 집중이 너무 강해 인생이라는 큰 숲을 보지 못하는 경우가 많다는데.

한 여신에게 지배받기보다는 많은 여신에게 사랑받으며 적절한 상황에서 맞춤한 여신을 불러올 수 있는 능력을 키우는 것이 삶의 지혜. 물론 남성들도 마찬가지로 그들 속 여러 남신들과 조화로운 삶을 이뤄야 할 테고.

맑고 향기로운 마음상태

밝은 거울과 고요한 물이라는 뜻의 명경지수는 고요하고 깨끗한 마음을 가리키는 말.

노나라에 형벌로 발뒤꿈치가 잘린 왕태라는 사람이 있었는데, 그를 따라 배우는 사람이 공자의 제자 수와 같았다. 공자의 제자가 그에게 사람들이 모여드는 까닭을 묻자 공자는 이렇게 말했다. "그의 마음이 아무것에도 구애받지 않고 고요하기 때문이다. 사람들은 흐르는 물이 아니라 정지된 물을 거울로 삼는 법. 흔들리지 않는 마음을 가진 사람은 다른 사람의 마음을 편안하게 만들어주는 것이다."

또한 형벌로 발뒤꿈치가 잘린 신도가라는 인물은 정자산과 함께 같은 스승을 모시고 있었는데 자산이 자신의 지위를 내세우며 거드름을 피우자 신도가가 이렇게 나무랐다. "거울이 밝으면 먼지가 끼지 못하는 법인데, 밝은 거울 같은 분을 스승으로 모시면서 어찌 속세의 허물을 묻히는가?"

명경지수란 본래 무위(無爲)의 경지를 가리키는 철학적 개념이었으나 후일 그 뜻이 변해 순진무구한 깨끗한 마음을 가리키게 되었다.

| 요조숙녀 | 窈窕淑女 | ₿ |

나의 본질은
'무한한 배려심'일 뿐

여자라면 어느 순간 "아이고, 우리 딸 이제 요조숙녀가 다 됐네"라는 말을 듣고 자랐을 것이다. 그렇지 않다면 사회적 기준에서 '여성성'이 엄청 부족한 인물일 텐데.

대대손손 여성의 성장 정도를 측정해온 이 말의 출전은 《시경》이다. "요조숙녀야말로 군자의 배필이다"라고 했으니, 여기서 말한 군자의 짝으로서 요조숙녀란 한마디로 지친 남자의 마음을 헤아릴 줄 아는 여자다. 아름다운 자태와 그윽한 심성을 가지고 전쟁과 정사에 지친 남성을 어루만지는 '휴식 같은 여성'. 호기심 천국의 성격으로 이것저것 캐묻지 않고 그저 다소곳이 위로의 업무만 하면 되는 것.

그 옛날에는 요조숙녀라 불림은 당연히 여성의 자랑이었지만, 현재 요조숙녀란 말은 사뭇 복합적인 뉘앙스를 가진다. 그것이 칭찬인지 비아냥인지 헷갈리는 지경. 즉 오늘날에는 사회성 떨어지고 소극적이면서 남성에게 의존적인 여자를 비꼴 때도 쓰고, 예쁘지만 주관이 없어 부려먹기 딱 좋은 착한 여성을 미화하는 뜻으로도 쓰인다. 그렇다면 요조숙녀 되어야 하나, 말아야 하나?

그대,
말을 알아듣는 꽃이여

현종과 양귀비가 한창 사랑에 빠진 어느 초여름날의 일. 현종은 양귀비를 비롯해 여러 궁녀들을 이끌고 궁중의 태액지로 산책을 나갔다. 당시 아름다운 연못 태액지는 연꽃이 막 피어 아름다운 자태를 뽐내고 연못 가득 향긋한 향기를 뿜어내고 있었으니, 그곳에 모인 모든 사람이 연꽃의 아름다움에 정신을 잃을 지경이었는데, 현종 역시 즐거운 마음으로 연꽃을 한참이나 들여다보더니 이렇게 말했다.

"꽃이 아름답기는 아름답구나. 하지만 내 옆에 있는 꽃 해어화에는 미치지 못하는 것 아니겠냐?" 해어화란 말을 이해하는 꽃이란 뜻, 양귀비를 가리키는 말이다. 사랑에 눈먼 현종의 지극한 사랑의 대사였던 것.

사실상 총명하던 현종은 양귀비에 홀려 나라 일을 그르친 것으로 유명한데, 숱한 호사가들이 클레오파트라의 코가 조금만 낮았더라면 세상이 달라졌을 것이라 말하는 것처럼, 양귀비만 아니었으면 현종의 당나라 또한 멸망의 길로 들어서지 않게 되었을까?

가인박명　佳人薄命　ℝ

미인은
오래 살지 못한다? "두 뺨은 우윳빛과 같고 머리는 옻
칠을 한 듯 검으며 / 눈빛이 발에 들어오니 주옥과 같이 빛나네 / (…)
예로부터 아름다운 여인의 운명에는 기박함이 많으니 / 문을 닫고 봄
이 다하면 버들꽃도 지겠구나."

　송대의 문인 소식이 30대 미모의 여승을 보고 파란만장했을 법한
삶을 상상해 지었다는 시 〈가인박명〉이다. 가인박명이란, 미인은 불
행한 일이 따르기 쉽고 요절하기 쉽다는 말. '미인은 팔자가 세다'는
미인박명이란 속설은 여기에서 유래된 것.

　미인박명의 대표적 사례는 양귀비. 현종의 총애를 한몸에 받던 그
녀는 안록산의 난 때 38세 나이로 처참한 죽음을 맞고, 조선 최고의
미인 황진이는 숱한 남자를 울리다 40세 전후해 병사했다. 백치미로
유명한 마릴린 먼로는 36세에 수면제 과다복용으로 죽었고, 사의 찬
미를 노래하던 한국 최초의 소프라노 윤심덕은 29세에 현해탄에 빠
져 비운의 삶을 마감했다. 진정 외모로 주목받는 삶의 내면은 튼튼하
기 어려운 것이었을까?

아름다운 용모에 대한 찬탄

단순호치란 붉은 입술과 흰 이를 뜻하는 말로, 곧 아름다운 여자의 얼굴을 일컫는다. 예전에도 붉은 입술과 하얀 치아는 미인의 조건이었던 것. 이 표현이 처음 쓰인 것은 위나라 조식의 시에 등장하면서부터. "(…) 쪽 찐 머리 높직하고 가지런한 눈썹은 가늘고 길다. / 붉은 입술은 밖으로 낭랑하고 하얀 치아는 안으로 선명하다. / 밝은 눈동자는 눈웃음치고 보조개는 관골을 받든다."

그밖에 아름다운 여자의 용모를 이르는 말은 많은데, '꽃 같은 얼굴에 달 같은 자태'라는 뜻의 화용월태(花容月態), 가냘프고 고운 여자의 손을 일컫는 섬섬옥수(纖纖玉手), 용모가 아름답고 재질도 뛰어남을 말하는 선자옥질(仙姿玉質) 등이 있다.

유독 여성의 예쁜 외모를 찬양하는 표현이 많은 것은 여성의 다른 능력이 평가받지 못하던 시대의 오랜 관습 때문일 텐데, 지금도 여전히 예쁜 외모가 여성의 가장 큰 소망인 것은 어쩐지 시대착오적 바람 아닌지.

천의무봉 天衣無縫

**꾸미지 않은
완전한 아름다움**

태원에 사는 곽한이란 사람이 어느 여름 밤 뜰에 누워 있노라니 하늘에서 선녀가 내려와 함께 밤을 지내게 되었다. 그 후로 사랑에 빠진 둘은 계속 밤을 같이 지냈는데, 칠석이 되자 견우를 만나러 간 직녀는 오지 않았다. 그러고는 며칠이 지나 다시 찾아온 직녀에게 곽한은 질투심에 불타 물었다. "견우님과의 상봉은 즐거우셨나요?" 그러자 직녀 왈 "질투는 그만두시게. 천상은 여기와는 다른 곳. 천상에서는 마음과 마음이 서로 통하는 것이 사랑일 뿐."

그녀는 그날 밤 그를 위해 천상의 요리를 가져왔는데 모두 이 세상에는 없는 것뿐이었다. 또 그녀의 옷을 보니 어디에도 솔기라곤 눈에 띄지 않았다. 이상히 여겨 물어보니, 그녀 말인즉 천상의 옷은 원래 바늘이나 실로 바느질하는 것이 아니라는 것.

여기에서 비롯되어 어떤 작품이 기교 없이 훌륭하게 만들어졌을 때, 또 아름답고 깨끗하게 행동하는 사람을 일컬어 천의무봉이라 한다. 이는 너무도 자연스런 아름다움에 감탄하는 표현이다.

아름다워야 할
평범한 보통사람들

갑과 을은 불특정한 인물이나 사물을 가리키는 대명사. 음양오행의 갑, 을에서 유래한 갑남을녀는 불특정한 남자와 여자를 뜻하는 말로 특별히 이름이나 신분이 알려지지 않은 평범한 보통사람을 말한다. 대수롭지 않은 평범한 남녀를 뜻하는 필부필부(匹夫匹婦), 장씨의 셋째아들과 이씨의 넷째아들이라는 뜻으로 평범한 사람을 가리키는 장삼이사(張三李四)와 비슷한 말. 또한 초동급부(樵童汲婦)라고 하면 '땔나무하는 아이와 물 긷는 아낙'이란 뜻으로 평범하게 살아가는 일반 백성을 말한다.

반면 매우 특출한 사람을 일컫는 말로 왕후장상(王侯將相)이 있는데, 이는 제왕 · 제후 · 장수 · 재상을 아울러 이르는 말로, 흔히 '왕후장상의 씨가 따로 있더냐'란 식의 표현으로 많이 쓰인다.

그런데 계급사회였던 과거뿐만 아니라 자본 제일의 현대에도 인간사회에서는 왕후장상이 전체 5퍼센트를 차지한다면 갑남을녀, 필부필부는 나머지 95퍼센트를 차지하는 것이 현실. 그럴진대 95퍼센트 우리들 대다수는 스스로 아름다워야 하는 것 아니겠는가.

20

뼈가 되고 살이 되는
옛말

조족지혈

옛말 중엔 지금도 우리의 뼈와 살을 이룰
금쪽같은 표현들이 많다.
널리 애용하시라.

30년 전에
배달 시킨
피자는
도대체···

언제····
온다는거야!

함흥차사

우공이산

'그림의 떡-화중지병(畵中之餅)', '쇠귀에 경 읽기-우이독경(牛耳讀經)', '맺은 놈이 풀어야지-결자해지(結者解之)', '까마귀 날자 배 떨어진다-오비이락(烏飛梨落)', '우물 안 개구리-정저와(井底蛙)', '등잔 밑이 어둡다-등하불명(燈下不明)'

이 중에서 한자말과 우리말은 어느 것이 우선일까? 보통 한자말이 우리말로 바뀐 것이라 알고 있는데, 아니란다. 이들은 본래 우리 고유 속담이 나중에 한자 숙어화한 것.

사람에 따라서는 한자어 표현이 더 익숙한 경우도 있을 테지만 사실 우리말이 훨씬 뜻이 분명하지 않은가? 어차피 한자어로 말해도 우리말을 덧붙이는 경우가 많으니 그런 언어낭비도 없을 듯.

물론 한자어도 우리말의 일부이고, 이 책의 사자성어도 '알아야 면장한다'고 가능한 알고 있어야 시험대비도 되고 우리말 실력도 느는 것이긴 하지만, 우리말로 표현 가능한 것은 우리말로 하는 것이 세종대왕에 대한 예의 아닐는지. 아무튼 옛말 중엔 지금도 우리의 뼈와 살을 이룰 금쪽같은 표현들이 많다.

망양보뢰 　　　　　　 亡羊補牢 🔖

때를 놓치고 후회해도
소용이 없네 　전국시대 초나라 대신 장신은 양왕(襄王)에
게 놀기 좋아하는 신하들을 멀리하고 국사에 전념할 것을 충언했으
나 왕은 들은 척도 안했다. 장신은 결국 조나라로 갔는데, 5개월 뒤
진나라가 초나라를 침공해 망명하는 처지에 놓이게 된 양왕은 그때
서야 장신이 충신임을 깨닫고 그를 불러들여 이후 처사를 물었다. 이
에 장신이 말했다. "'토끼를 보고 나서 사냥개를 불러도 늦지 않고,
양이 달아난 뒤에 우리를 고쳐도 늦지 않다'고 했으니, 초나라가 비
록 지금은 세력이 작지만 대책은 있습니다."

　여기서 망양보뢰는 이미 양을 잃은 뒤에 우리를 고쳐도 늦지 않다
는 뜻으로, 실패 또는 실수를 해도 빨리 뉘우치고 수습하면 늦지 않
다는 말이다. 그런데 부정적이기보다 긍정적인 뜻이 강한 이 말이 언
젠가부터 일을 그르친 뒤에는 뉘우쳐도 소용없다는 부정적인 의미
로 바뀌었다. 비슷한 말로 때늦은 시기를 원통해하며 한탄한다는 뜻
의 만시지탄(晩時之歎), 소 잃고 외양간 고친다는 뜻의 망우보뢰(亡
牛補牢), 사후약방문(死後藥方文) 등이 있다.

우공이산 　　　　　　　愚公移山 Ⓑ

간절함으로
이루지 못할 것은 없다
'지금 자면 꿈을 꾸지만 지금 노력하면 꿈을 이룰 수 있다'는 말이 있듯 노력을 이기는 것은 아무것도 없다. 어리석은 노인이 산을 옮긴다는 뜻의 우공이산도 쉬지 않고 꾸준하게 한 가지 일만 열심히 하면 마침내 큰일을 이룰 수 있음을 비유한 말.

우공이라는 노인이 있었는데, 그는 집 앞에 있는 두 개의 산 때문에 늘 멀리 돌아다녀야 하는 불편을 덜고자 산을 옮기기로 마음먹고 산에서 흙을 퍼다 바다에 버리기 시작한다. 사람들이 그의 무모함을 비웃자 우공이 말했다. "내가 죽으면 내 아들이, 내 아들이 죽으면 내 손자가 있지 않소? 산은 그대로 있지만 자자손손 대를 이어 흙을 나르면 언젠가는 산이 평평해질 날이 오지 않겠소?" 이 말 들은 산신령이 산을 허무는 인간의 노력이 끝없이 계속될까 겁이 나 옥황상제에게 이 일을 말려주도록 호소하는데, 옥황상제는 우공의 정성에 감동해 가장 힘이 센 과아씨의 아들을 시켜 두 산을 들어 옮겨 하나는 삭동에 두고 하나는 옹남에 두게 했다고 한다.

호가호위   狐假虎威

여우가
호랑이의 위세를 빌리다

남의 권세를 빌려 허세를 부림을 비유한 말이 호가호위. 전국시대 초나라에 소해휼이라는 재상이 있었는데 북방의 나라들은 이 소해휼을 몹시 두려워했다. 초나라의 실권이 그에게 있었던 것. 하지만 초나라 선왕은 그들이 왜 소해휼을 두려워하는지 이상하게 여겨 신하 강을에게 물었다. 다음은 강을의 대답.

"호랑이가 여우 한 마리를 잡았습니다. 그러자 잡아먹히게 된 여우가 '나는 천제로부터 임명된 백수의 왕. 만일 나를 잡아먹으면 천벌을 받을 것이야. 내 말이 거짓말이라 생각하거든 나를 따라와봐. 나를 보면 어떤 놈이라도 두려워서 달아날 테니'라고 했고 여우의 말을 듣고 호랑이는 그 뒤를 따라갔습니다. 과연 만나는 짐승마다 모두 달아나는 것이었습니다. 사실 짐승들은 여우 뒤에 있는 호랑이를 보고 달아난 것이지만 호랑이는 그것을 깨닫지 못한 거죠. 북방의 제국이 소해휼을 두려워하는 것은 이와 같습니다. 실은 소해휼의 배후에 있는 초나라 군세를 두려워하고 있는 것입니다."

오비이락 烏飛梨落

생각지도 못한
우연한 혐의
농부가 정성껏 배나무를 가꾸고 있는 참, 어느 순간 까마귀가 '까악' 하고 크게 날아가더니만 그 순간 배나무의 배가 뚝 떨어졌다. 이에 농부는 까마귀가 배나무를 건드려 배를 떨어뜨린 줄 알고 화를 냈다고 하는데, 사실은 까마귀와 배는 아무 상관 없는 것. 하필이면 배가 그때 떨어져서 공연히 까마귀가 혐의를 받게 되었는데.

이렇듯 '까마귀 날자 배 떨어진다'로 풀이되는 오비이락은 아무런 관계도 없이 한 일이 우연히 다른 일과 동시에 일어나 오해를 받게 되는 경우를 뜻하는 것으로, 조선 인조 때의 학자 홍만종이 엮은 《순오지》에 나오는 말.

우리 속담에는 오비이락처럼 일이 잘 안 될 때는 안 좋은 일이 겹친다는 뜻의 말이 많은데, '소금 팔러 가니 이슬비 온다', '도둑을 맞으려면 개도 안 짖는다' 등이 이와 같은 예. 길을 가다 난데없이 돌이 날아와 유리창이 깨질 때 하필이면 그때 그 앞을 지나다 범인으로 몰리게 되는 경우도 오비이락. 실생활에서 오비이락의 경우는 무수히 많다.

도대체 한 번 가면 깜깜무소식

지금은 휴대전화가 없던 시절을 상상하기가 힘들 텐데, 특별한 연락수단이 없던 때 심부름을 간 사람이 소식이 없거나 좀처럼 회답이 오지 않는다면 그 얼마나 답답했을까? 이를 비유하는 말이 함흥차사다. 이는 조선 태조 이성계가 관계된 일화. 이성계가 두 차례에 걸친 왕자의 난에 분노해 왕위를 정종에게 물려주고 함흥으로 가버린 뒤, 태종이 그 아버지의 노여움을 풀고자 함흥으로 여러 번 사신을 보냈으나 이성계는 그 사신들을 죽이거나 잡아 가두고 보내지 않았다 한다. 함흥차사는 태종 이방원이 태조의 환궁을 권유하려고 함흥으로 보낸 차사를 일컫는 말. 그런데 한 번 간 차사는 절대 돌아오지 않았으니 여기서 한번 가면 깜깜무소식이라는 뜻의 함흥차사가 생겼다는데.

이는 백성들이 만들어낸 이야기일 뿐 사실과는 다르다고 한다. 아무튼 오늘날은 함흥차사하기 힘든 시절, 함흥차사하려면 온갖 정보망을 거슬러야 하는 것이다.

30년 전에 배달 시킨 피자는 도대체.... 언제.... 온다는거야!

조족지혈   鳥足之血

비교 불가능할 정도로 작음
옛글에 이런 말이 있다. "소 발자국에 고인 물에서 헤엄치는 한 치의 장구벌레는 천하에 넓은 사해가 있다는 것을 꿈에도 생각지 못할 것이며, 과일의 씨앗 속을 기고 있는 바늘 끝 같은 벌레는 그것이 세계의 전부라 생각할 것이다. 그들은 아무리 망망한 바다와 넓은 우주를 설명해주어도 거짓말이라며 믿지 않는다."

'소 발자국에 고인 물'이라? 이것은 작거나 적은 그 무엇을 이르는 기막힌 비유다. 이처럼 아주 적다는 뜻의 익숙한 표현이 바로 '조족지혈'이다. 즉 새발의 피라는 것. 이것은 우리 속담이 사자성어가 된 경우. 그런데 도대체 '새발의 피'는 어느 정도인 걸까? 새의 발가락은 거의 발톱으로 이루어져 혈관이 없으므로 피가 통하지 않아 상처가 나도 피가 거의 보이지 않는다. 우리 손톱이나 발톱에서 피가 안 나는 것처럼.

'내 코가 석 자'를 '오비삼척(吾鼻三尺)'이라 하거나 '믿는 도끼에 발등 찍힌다'를 '지부작족(知斧斫足)'이라 하는 것 모두 우리 속담을 사자성어로 편집한 것이다.

마부위침 磨斧爲針

노력 앞에 장사 없다

마부위침이란 도끼를 갈아 바늘을 만든다는 말. 도대체 얼마나 갈아야 바늘이 될 수 있는 걸까? 그만큼 대단한 정성이니, 아무리 이루기 힘든 일도 끊임없는 노력과 끈기 있는 인내로 성공하고야 만다는 뜻.

당나라 시인 이백이 학문을 도중에 그만두고 집으로 돌아가는 길에 한 노파를 만났는데, 그녀는 바늘을 만들기 위해 도끼를 갈고 있던 중이었으니. 그 노파의 꾸준한 노력에 크게 감명받은 이백이 다시 산 속으로 들어가 학문에 힘쓴 결과 큰 결실을 보았다는 이야기에서 유래했다.

이와 같은 노력을 뜻하는 말로 야이계일(夜以繼日)이 있는데, 이는 맹자님 말씀으로, 주공이 선대 세 왕의 장점을 취해 그것을 현실 정치에 적용하고자 밤을 새워가면서까지 생각하고 또 생각했다는 것을 이른 대목에 나오는 말. 이처럼 밤잠도 자지 않을 정도로 한 가지 일에 몰두하는 것을 야이계일이라고 한다. 십벌지목(十伐之木), 즉 '열 번 찍어 안 넘어가는 나무 없다'는 말도 노력을 권하는 흔한 비유.

시험에 자주 출제되는 **사자성어 한줄 사용법**

각골지통(刻骨之痛)
"당신에게 각골지통의 상처를 남겼던 그 인간을 용서하시겠다고요?"

각양각색(各樣各色)
"이번 오디션에는 진짜 각양각색 사람들이 다 출전했네."

거두절미(去頭截尾)
"그만 거두절미하고 네 본심을 털어놓으라고."

건처아와 습처모면
(乾處兒臥濕處母眠)
"건처아와 습처모면이라더니, 마른자리에 자식 누이고 습한 곳에선 어머니가 주무신다잖아, 어머니의 사랑이란!"

견마지로(犬馬之勞)
"이렇게 저를 뽑아주시니 견마지로의 자세로 열심히 일하겠습니다."

견물생심(見物生心)
"견물생심이라고, 괜히 그 차를 보니까 갖고 싶네."

경천동지(驚天動地)
"아니 이런 경천동지할 일이 있나. 그 사람이 도망갔다고?"

공산촉루(空山髑髏)
"공산촉루라고, 사람 없는 산중의 해골 같은 신세라니…"

공평무사(公平無私)
"그 사람들 선입견 없이 보니 나름 친절하고 공평무사하던데."

구절양장(九折羊腸)
"천지산 오르는 길은 구절양장 그 자체, 하늘로 빠져들 것 같더라고."

금과옥조(金科玉條)
"네가 금과옥조처럼 여기는 신념, 너무 이기적인 것 아냐?"

기고만장(氣高萬丈)
"눈 아래 뵈는 것 없이 기고만장하더니, 참으로 꼴좋다."

노심초사(勞心焦思)
"노심초사 애태워봐야 해결될 일 아냐. 느긋하게 기다리자고."

녹양방초(綠楊芳草)
"녹양방초 흐드러진 자연 속에 너의 몸을 한번 맡겨봐!"

다사다난(多事多難)
"다사다난했던 한 해가 또 이렇게 우리 곁을 떠나게 되는군요."

도화행화(桃花杏花)
"복숭아꽃 살구꽃, 도화행화 흐드러진 봄날도 이젠 안녕이로군."

독야청청(獨也靑靑)
"모두가 흙탕물에 사는데 혼자서만 독야청청하겠다고?"

동명이인(同名異人)
"아무래도 그 사람 동명이인 아냐? 아는 게 없잖아?"

동문서답(東問西答)
"동문서답 그만하고 묻는 말에 제대로 대답 좀 하시라고."

두문불출(杜門不出)
"그렇게 두문불출하고 지내면 세상 돌아가는 거 안 궁금해?"

막무가내(莫無可奈)
"완전 막무가내로 달려드는데, 피할 수가 없었다고."

면종복배(面從腹背)
"겉으론 따르는 체하고 속으론 딴마음 먹는 이 면종복배형 인간들."

명승고적(名勝古跡)
"우리나라 10대 명승고적이 어디인 줄 알아?"

목욕재계(沐浴齋戒)
"기도하러 가기 전에 목욕재계하고 마음을 경건히 가져야지."

반신반의(半信半疑)
"농담인지 진담인지 다들 반신반의하는 표정들이더군."

불문곡직(不問曲直)
"그렇게 불문곡직하고 덤벼들면 당하는 사람들이 당황하잖아."

사고무친(四顧無親)
"아는 사람 하나 없는 사고무친 생활이 벌써 몇 년째인지 몰라."

상부상조(相扶相助)
"어려운 때일수록 상부상조해야 쉽게 극복할 수 있는 거라고."

송구영신(送舊迎新)
"부처님 품 또는 예수님 품 안에서 다들 송구영신하세요."

수불석권(手不釋卷)
"수불석권의 자세로 공부하면 1등이야 떼어놓은 당상이지."

숙맥불변(菽麥不辨)
"이 사람 이거 완전 숙맥불변이네, 보면 콩인지 보리인지 몰라?"

십시일반(十匙一飯)
"십시일반으로 모으면 어느 정도 목표치에 근접하지 않겠어?"

언어도단(言語道斷)
"한편으론 전쟁을 부추기면서 평화를 주장하는 언어도단의 세상이여."

요지부동(搖之不動)
"나가자고 해도 도무지 요지부동이라니까. 꼼짝을 안해요."

유구무언(有口無言)
"유구무언이라고, 잘못한 처지에 내가 뭐 할 말이 있겠어요."

유유상종(類類相從)
"정치판이고 경제계고 다 유유상종하는 것 아니겠어?"

유일무이(唯一無二)
"개천에서 용 난 우리 아들, 집안에서 유일무이한 인물이 되겠군."

은인자중(隱忍自重)
"이제 그만 흥분하고 은인자중하면서 다음 기회를 기다리자고."

이구동성(異口同聲)
"모두들 눈을 빛내며 이구동성으로 외쳐놓고선 이제 와서 딴소리야."

이열치열(以熱治熱)
"이열치열이라고, 여름엔 오히려 찜질방이 시원하다고."

일도양단(一刀兩斷)
"그렇게 예민한 사안을 두고 성급하게 일도양단을 재촉해선 안 되지."

일진일퇴(一進一退)
"주가란 하루 단위로도 늘 일진일퇴의 장세를 보이는 거라고."

일취월장(日就月將)
"아니, 네가 한 달 만에 이렇듯 일취월장한 실력을 보일 줄이야!"

일파만파(一波萬波)
"짐작대로 거짓말 동영상 왜곡 논란이 일파만파로 퍼지고 있군."

일편단심(一片丹心)
"너를 향한 내 마음은 진짜 일편단심이라니까, 믿어달라고."

일필휘지(一筆揮之)
"일필휘지로 한달음에 써내려간 내 글씨, 폼 좀 나지 않나?"

자격지심(自激之心)
"아무래도 그건 스스로 자격지심에 좀 오버해서 생각한 것 같은데."

전인미답(前人未踏)
"역시, 전인미답의 경지에 오른 선수답게 자세도 늠름하네."

전전긍긍(戰戰兢兢)
"그러게 좀 잘하지. 남의 일 다 망쳐놓고 전전긍긍하고 있구먼."

조화신공(造化神功)
"조물주의 조화신공으로 탄생한 지구를 이렇게 아프게 하면 안 되지."

천양지차(天壤之差)
"그 친구는 너하고 얼굴부터가 천양지차던데, 뭐가 닮았다는 거야?"

천편일률(千篇一律)
"그렇게 천편일률적인 대답 좀 하지 말고 창조적 발상을 하란 말이야."

초록동색(草綠同色)
"초록은 동색이라더니, 동생이라고 편드는 것 좀 봐."

추풍낙엽(秋風落葉)
"온갖 비리세력들이 추풍낙엽처럼 쓰러졌다는 소식 좀 듣고 싶네."

치자다소(痴者多笑)
"실실 쪼개지 좀 마, 치자다소라고, 못난 사람이 잘 웃는다고 했어."

침소봉대(針小棒大)
"너무 사건을 침소봉대해서 발표하는 것 아닙니까?"

평지돌출(平地突出)
"평지돌출 격으로 그렇게 인재가 튀어나올 수 있는 거야?"

풍월주인(風月主人)
"자네도 이 멋진 계곡에서 풍월주인이 된 즐거움을 누려보겠는가?"

허장성세(虛張聲勢)
"괜한 허장성세지, 그 사람이 가진 게 뭐 있다고 기부를 하겠어?"

혈혈단신(孑孑單身)
"그 친구 갈 곳도, 가족도 없는 혈혈단신 외돌토리였더라고."

호구지책(糊口之策)
"달리 호구지책이 없으니 시키는 대로 따라야지, 뭐."

화사첨족(畫蛇添足)
"자네 그 말은 화룡점정이 아니라 화사첨족이라고, 왜 쓸데없이…."

후회막급(後悔莫及)
"참으로 후회막급한 일을 저질렀군. 내가 진작 말렸어야 했는데."